制度创新对企业绩效的影响

吕洪燕　著

哈尔滨工程大学出版社
Harbin Engineering University Press

内容简介

本书以自由贸易试验区制度创新对企业的影响为出发点，基于相关理论，考察作用机理，分析现状，实证研究其对企业绩效的影响及有效渠道，对推动经济高质量发展具有重要意义。

本书可作为对经济发展、制度创新及企业绩效关系感兴趣的学者、企业管理者及相关政策制定者的参考用书。

图书在版编目(CIP)数据

制度创新对企业绩效的影响／吕洪燕著. -- 哈尔滨：哈尔滨工程大学出版社，2025. 2. --ISBN 978-7-5661-4705-9

Ⅰ. F752；F279.23

中国国家版本馆 CIP 数据核字第 2025CE1281 号

制度创新对企业绩效的影响
ZHIDU CHUANGXIN DUI QIYE JIXIAO DE YINGXIANG

选题策划　夏飞洋
责任编辑　姜　珊
封面设计　李海波

出版发行　哈尔滨工程大学出版社
社　　址　哈尔滨市南岗区南通大街 145 号
邮政编码　150001
发行电话　0451-82519328
传　　真　0451-82519699
经　　销　新华书店
印　　刷　哈尔滨理想印刷有限公司
开　　本　787 mm×1 092 mm　1/16
印　　张　8.75
字　　数　166 千字
版　　次　2025 年 2 月第 1 版
印　　次　2025 年 2 月第 1 次印刷
书　　号　ISBN 978-7-5661-4705-9
定　　价　58.00 元

http://www.hrbeupress.com
E-mail：heupress@ hrbeu.edu.cn

前　　言

　　经济全球化为世界经济的快速增长提供了强劲动力,促进了商品和资本流动,优化了产品和资源的空间结构。然而,复杂多变的世界经济局势也对企业发展提出了更为严峻的挑战。在贸易保护主义有所抬头、全球经济增长动能不足的背景下,开放、包容的经济体制是当前复杂经济形势下的必然选择。要形成法治化、国际化、便利化的营商环境以及公平、统一、高效的市场环境,势必需要健全、创新各类制度体系。因此,在复杂经济形势下,中国从政策导向型开放向制度型开放转变。实现制度型开放的本质,就是要构建与高标准全球经贸规则相适应的国内规则和制度体系。不同于以往所强调的政策型开放,制度型开放更关注制度体系的全面创新。从针对特定地区优惠措施的政策型开放转向与国际制度和规则接轨的制度型开放是开放型经济体制的特点。

　　中国自由贸易试验区以制度创新为核心,是探索制度型开放的重要载体,对标国际高水平贸易投资规则,是以高水平开放促进深层次市场化改革的体现。制度创新对经济绩效起决定性作用是毋庸置疑的。企业是经济的微观主体,并在制度的安排下进行决策。制度创新对经济绩效的作用最终通过微观层面表现出来。因此,通过对企业绩效的测度,可以进一步衡量制度创新政策的有效性。本书探索性地以自由贸易试验区的制度创新对企业产生的影响为出发点,研究制度创新对企业绩效的影响,对把握制度创新对企业绩效的政策效应,以及推动经济高质量发展具有重大的现实意义。

　　本书基于制度变迁理论、交易费用理论以及经济增长制度决定论,考察制度创新影响企业绩效的作用机理;基于中国自由贸易试验区制度创新的演变历程进行现状分析;在理论研究的基础上采用中国 A 股上市公司数据,实证考察了自由贸易试验区的制度创新对企业绩效的影响;在此基础上进一步考察了制度创新作用于企业绩效的有效渠道。

　　第一章,绪论。首先,从制度经济学的经典理论和基于自由贸易试验区设立的现实条件出发介绍了本书的研究背景,并分别从理论和现实的角度阐述了选题的意义,进一步梳理了现有的研究动态。其次,结合已有研究,介绍了制度创新与企业绩效研究动态等。

第二章,制度创新理论。首先,对基本概念进行了界定,即制度是一种约束和规范,这些约束和规范界定并限制了人们的选择集合,制度创新是对现有制度安排的变更。其次,阐述了制度创新与制度变迁的关系,并对制度创新与技术创新的联系进行界定。在相关理论方面,本章基于交易费用理论、制度变迁理论,以及经济增长的制度决定论展开分析。

第三章,制度创新影响企业绩效的机理。本章从理论上分析了企业绩效的影响因素,除了分析制度创新影响企业绩效的机理外,还从交易费用视角和技术创新视角分别分析了制度创新影响企业绩效的机制。

第四章,中国自由贸易试验区制度创新的现状。本章结合中国 18 个自由贸易试验区的现状,分析了自由贸易试验区制度创新结构,涵盖行政管理领域、投资管理领域、对外贸易领域、金融领域以及人力资源领域等;进一步分析了自由贸易试验区制度创新的功能,即制度创新对企业的作用途径,并对现有研究中针对自由贸易试验区的研究成果进行了阐述。

第五章,制度创新影响企业绩效的实证分析。本章在理论分析的基础上,以自由贸易试验区的制度创新作为准自然实验,构建多期双重差分模型,从企业全要素生产率的角度对制度创新影响企业绩效进行实证分析。首先,概括企业全要素生产率的测度方法,并利用 LP 法、FE 法和 GMM 法对全要素生产率进行了测算,以此分别作为企业绩效的指标,并进一步分析了所考察样本的企业全要素生产率特征。其次,介绍了模型的选择以及变量的定义,基于 2008—2019 年中国 A 股上市公司的数据实证,分析制度创新对企业全要素生产率的静态影响和动态影响,并进行了稳健性检验;进一步从企业性质和资本密集度角度进行异质性分析,同时进行安慰剂检验和 PSM-DID 模型分析。将企业劳动生产率作为另一个衡量企业绩效的指标,从企业劳动生产率角度对制度创新影响企业绩效进行实证分析。在平行趋势检验的基础上,基于中国 A 股上市公司的数据构建多期双重差分模型,分析制度创新对企业劳动生产率的影响,并进一步分析其动态效应,进行稳健性检验;同时进行安慰剂检验和 PSM-DID 检验。

第六章,技术创新的调节效应检验。在前文理论分析的基础上,本章从技术创新的角度检验制度创新影响企业绩效的机制。设立调节效应模型,把技术创新纳入调节效应模型进行机制分析。制度创新影响企业绩效的程度受技术创新水平的影响,存在技术创新的调节作用,即制度创新对企业绩效的影响,在某种程度上受到企业的技术创新能力影响。当企业具备较强的技术创新能力时,制度创新对企业绩效的影响较大;相反,企业技术创新能力较低,制度创新对企业绩效的影响程度相对较小。

第七章,交易费用的中介效应检验。制度创新通过直接降低交易费用,促进企业绩效提高,即交易费用在制度创新影响企业绩效中发挥中介作用。本章以企业的管理费用、销售费用和财务费用衡量交易费用,建立中介效应模型,并对结果进行了稳健性检验。技术创新在制度创新影响企业绩效的过程中具有一定的调节作用,交易费用在制度创新影响企业绩效中发挥着中介效应。自由贸易试验区的一系列制度创新为企业提供了有效信息,帮助企业减少交易时间、降低不确定性,使得企业交易成本显著降低,进一步促进企业绩效的提升。

第八章,我国自由贸易试验区制度创新的思考。本章结合我国现实条件,对制度型开放背景下的自由贸易试验区制度创新情况进行思考并提出了政策建议。

本书以中国自由贸易试验区的设立作为制度创新的准自然实验,采用多期双重差分模型对制度创新影响企业绩效效果进行科学评估;构建制度创新影响企业绩效的机理模型,从技术创新和交易费用视角分析了制度创新影响企业绩效的作用机制。本书是黑龙江省属本科高校基本科研业务费人文社会科学后期资助项目"以制度创新提升企业绩效——自由贸易试验区的制度创新实践研究"(项目编号:145209901)和新时代龙江优秀硕士、博士学位论文项目"制作创新对企业绩效的影响——基于自由贸易试验区的实证研究"(项目编号:LJYXL2022-099)的研究成果;同时受到工商管理培育学科及嫩江流域创新与产业融合发展实验室团队项目"创新驱动区域经济高质量发展团队"(项目编号:145409426)资助。

由于著者水平有限,书中难免存在不妥或错误之处,恳请广大读者批评指正。

著　者

2024 年 7 月

目　　录

第一章　绪　　论

第一节　制　　度

一、制度的内涵

制度是社会发展和运行的基础,是人们共同遵守的行为规范和组织方式。它可以包括法律、规章、制度、习惯、惯例等,用于规范社会成员的行为,维护社会的稳定和正常运转。最早对制度定义的是凡勃伦,他认为,"制度实质上就是个人或社会对有关的某些关系或某些作用的一般思想习惯;在某一时期或社会发展的某一阶段通行的制度的综合"。这一定义更倾向于把制度看成指导个人行为的各种非正式约束。康芒斯把制度解释为集体行动控制个体行动的一系列行为准则或规则。新制度经济学家继承了既有观点,并在此基础上对制度的含义进行了拓展。舒尔茨将制度定义为一种行为规则,这些规则涉及社会、政治及经济行为。他把制度视为某些服务的供给者,它们应经济增长的需求而产生。柯武刚和史漫飞认为,制度是广为人知的、由人创立的规则,他们的作用是抑制人的机会主义行为。鲍尔斯认为,制度是赋予群体成员社会交往以稳定结构的法律、非正式规则和习俗。诺思对制度含义的概括得到了学者们的认同,他认为制度是一些人为设计的、形塑人们互动关系的约束。制度构造了人们在政治、社会或经济领域里交换的激励。制度既包括正式约束,如宪法、产权制度和合同等人为设计的规则,也包括非正式约束,如规范和习俗、惯例等。

以上对于制度的定义虽然表述不同,但本质上是相似的。目前普遍认为制度是约束人们行为的一种规范,这种约束和规范界定并限制了人们的选择集合,建立了一个人们互动的稳定结构来减少不确定性。这些规范既涉及人为设计的正式的规则,也涉及非正式的行为习惯。本书主要考察特定的执行经济功能的制度对企业的影响,因此本书中关于制度的研究主要限定于经济制度范围。

二、制度的功能

关于制度所执行的功能,学者们对此进行了不同的阐述。科斯最早在论述企业的性质时就提到了制度的功能。科斯强调,企业代替市场就是因为它可以节省一部分交易费用,即降低交易费用是制度的一项重要功能。舒尔茨认为,制度能够提供便利、降低交易费用、提供信息、共担风险和提供公共物品(服务)。德姆塞茨强调了制度具有帮助人们形成合理预期和外部性内在化的激励功能。诺思和托马斯则强调了制度的激励功能、抑制人的机会主义行为以及减少不确定性功能,"制度在一个社会中的主要作用是通过建立一个人们相互作用的稳定的结构来减少不确定性"。林毅夫[①]认为,制度具有安全功能和经济功能。张宇燕[②]和卢现祥[③]对制度的核心功能和具体功能进行了分析,均认为制度的具体功能包含降低交易成本、减少外部性和抑制人的机会主义行为。他们把为经济主体提供激励以及提供有效信息看作制度的更基本、更核心的功能。瞿喜宝和袁庆明[④]总结了制度的十种功能,并且对制度的功能加以区分,认为制度功能在层次上存在差别。他们把制度的功能分为具体功能和核心功能。制度的核心功能是给市场经济中的经济人提供激励与约束,其通过四条途径实现,即抑制人的机会主义行为、降低不确定性、直接降低交易费用以及外部性内部化,进而起到激励与约束的作用。

总体来看制度的核心功能主要体现在对经济主体提供激励与约束,而实现这样的功能可以分别从降低成本和增加经济主体收益两条途径来实现。

第二节　制度创新

一、制度创新的内涵

制度提高了外界环境的稳定性,而制度在增强稳定性的同时也会发生变迁。制度一旦确定下来即可通过规范与约束经济主体的相关活动来实现相对稳定的结构。但制度并不是一成不变的,随着环境的变化与经济活动的需要,制度也在不断

① 林毅夫.关于制度变迁的经济学理论[C]//.科斯,阿尔钦,诺斯,等.财产权利与制度变迁.上海:上海三联书店,1994:384,394-396.
② 张宇燕.经济发展与制度选择[M].北京:中国人民大学出版社,1992:252.
③ 卢现祥.西方新制度经济学[M].北京:中国发展出版社,1996:61.
④ 瞿喜宝,袁庆明.制度的功能问题研究[J].云梦学刊,2006(4):64-66.

地被更新和替代,制度的更替过程就是制度创新的过程。可以说,制度创新是人们对制度进行有目的的设计,或根据行动目标的需要对制度结构进行优化的过程。制度之所以会被创新,是因为用创新的制度代替原有的制度会使得预期净收益超过成本,即制度创新意味着获利能力无法在现存的制度安排结构内实现,由此导致一种新的制度安排的形成。经济制度会被创新,也正是因为在对原有制度结构进行渐进式的边际调整时,可以获得在原有制度安排下无法得到的利益。这种边际调整所产生的制度结构为人们提供了一种更为有效的机制。制度创新的初级行为团体作为一个决策单位,意识到现有制度结构下存在某些无法取得的收入,他们做出的决策支配了制度创新的进程,由此增加收入。为了实现规模经济,从交易费用中获益,将外部性内在化,降低风险,进行收入的再分配,无论是资源的还是政府的安排都要被创新。制度创新在经济增长中发挥了关键作用,决定了社会演进的方式①。

二、制度创新与制度变迁的关系

从 Davis 和 North 对制度变迁的定义——"如果预期的净收益超过预期的成本,一项制度安排就会被创新"和"制度变迁是制度创立、变更及随着时间变化而打破的方式"可以看出,学者们所表达的制度变迁常常等同于制度创新。林毅夫在扩展诱致性制度变迁理论中指出:"制度变迁与制度创新这两个术语在文章中是交替使用的,因为现有制度的修正同时也是一种创新活动,新制度的采纳也必须随着旧制度的改变。"郁建兴和黄亮②也认为制度创新和制度变迁的内涵是一致的。

在学者们研究的基础上,本研究认同制度创新与制度变迁的含义是一致的观点,都是现有制度存在一些无法获取的潜在利润,而导致新制度安排的产生或对于原有制度安排的变更,因此制度创新可以看作制度变迁。

三、制度创新与技术创新

经济社会中的各种因素相互联系,制度创新和技术创新也同样如此。对于制度创新与技术创新的关系,学者们进行了大量的研究。目前主要存在以下四种观点。

(一)技术创新决定制度创新

---

① FURUBOTN E G,RICHTER R. Institutions and economic theory: the contribution of the new institutional economics[M]. University of Michigan Press, 1997: 324-342.

② 郁建兴,黄亮.当代中国地方政府创新的动力:基于制度变迁理论的分析框架[J].学术月刊,2017,49(02):96-105.

凡勃伦坚持技术创新动态化而制度创新静态化的观点,他认为制度创新不过是技术创新自发的派生物。在他看来,技术是在不断变化的,而制度由于其自身性质具有稳定性,一般情况下不会发生改变。从一定意义上来说,以往技术的变化决定现有的制度,相对于日益变化的技术而言,制度是相对不变的。他在讨论技术创新和制度创新的关系时,强调的是技术创新的动态性,而制度是相对静止的。显然,该观点是有局限性的。

（二）制度创新决定技术创新

诺思认为,技术创新、规模经济、资本积累等各种因素都不是经济增长的决定因素,它们不过是由制度创新决定的经济增长本身的表现而已,即制度创新决定技术创新。例如专利制度保护了技术创新,因此,是制度的进步刺激了技术的发展。另外,技术创新降低了制度安排的操作成本。因此,他在肯定制度创新对技术创新的决定性作用的同时,也并不否认技术创新对制度创新的作用,总体上来看,二者的关系更大程度上是制度创新起决定性作用。该理论认为,制度创新对技术创新起决定性作用,技术创新影响制度创新的收益。

（三）技术创新与制度创新无决定性的相互作用

拉坦①认为,技术创新与制度创新相互影响,但一方不能决定另一方,二者互不决定。他认为,正是相似的原因产生技术创新与制度创新,同时也是相似的原因使得技术创新和制度创新发生变化。拉坦的分析忽视了二者之间的内在联系。

（四）制度创新与技术创新的交互性的决定作用

马克思关于生产力与生产关系辩证关系的原理也被认为是关于技术创新与制度创新的理论。生产力被看作技术创新的结果,生产关系是相应的经济规则,即各种制度安排,生产关系的变革实际上是制度创新的过程。生产力决定生产关系,同时生产关系对生产力具有巨大的反作用。因此,技术创新决定制度创新,制度创新也对技术创新具有决定作用。技术创新和制度创新是一个交互决定的动态演进过程②。我国学者袁庆明也认为技术创新与制度创新相互作用。

从社会整体来看,制度创新与技术创新相互作用,不可分割。制度创新创造了利于技术创新的环境,技术创新为制度创新的实现提供了技术条件。技术创新是经济增长的源泉,科技需要有效的制度作为保障,制度是影响创新发挥作用的重要条件③。

---

① 拉坦.诱致性制度变迁理论[C]//科斯,阿尔钦,诺斯,等.财产权利与制度变迁.上海:上海三联书店,1994:327-370.

② 孙常辉.技术创新与制度创新的关系理论评析[J].当代经济,2013(13):126-128.

③ 张媛媛.习近平关于科技创新与制度创新协同发展的论述[J].上海经济研究,2020(7):23-31.

本书研究的制度创新主要是经济制度,而经济制度创新一般具有顶层设计特征。从企业的角度来看,企业作为技术创新的主体,是在制度安排下进行决策的。制度创新能够协同企业的技术创新为提升企业绩效做出贡献。对制度创新与技术创新关系的分析,有利于进一步探索制度创新对企业的影响机制。

第三节　制度创新与企业绩效研究动态

一、制度创新与经济绩效

(一)国外研究现状

1.制度对经济增长的作用研究

在传统的经济增长模型中,制度因素是被排除在外的。在以往关于经济增长研究的经典文献中,劳动、资本和土地等要素投入被认为是经济增长的动力,要素推动经济增长主要通过提高整体投入效率来实现。哈罗德-多马模型认为,经济增长主要依赖于资本积累,强调资本对于长期经济增长的重要性。索罗发现技术创新和技术进步是导致产出增长超过投入增长的"余值",指出经济增长的决定性因素是技术进步而非资本积累。舒尔茨针对"索洛剩余"的研究提出了人力资本决定论,实证考察了 1930—1957 年美国劳动力的"教育资本"存量增长情况(从 1 800 亿美元增加到 5 350 亿美元),揭示了美国产出增长率高于资源投入增长率的一个重要原因是教育的作用,教育的投入使得人力资本得到提升。罗默将技术进步内生化,明确了技术进步是经济增长的决定性因素。在以上关于经济增长的经典文献中,主要集中在研究物质生产要素与经济增长的联系,而将制度视为外生"自然状态"的一部分。在影响经济增长的因素中,制度被忽略了。也有部分研究认为制度变迁是重要的,且在社会经济发展过程中是不可缺少的,但其关键的基本假定认为制度是既定的,不会发生变迁,或者这些制度变迁与经济增长无关,因而在经济增长中制度被视为外生变量。

在"制度决定论"提出之前,资本、教育、创新等因素都曾被认为是经济增长的主要源泉,诺思认为"他们乃是增长本身"而非增长的原因。以诺思为代表的新制度学家将制度视为内生变量,认为制度在分析长期经济增长中至关重要,是经济增长的决定性因素。一种体制比另一种体制效率高的原因就在于制度的差异,同样的生产要素在不同国家会产生不一样的经济绩效,效益的差异本质上反映了制度的差异。诺思通过对第三世界国家的考察,发现这些国家经济绩效的差异正是由制度的差异所致的。"制度在社会中具有更为基础性的作用,它们是决定长期经济绩效的根本因素"。这一观点从根本上阐述了为什么一些国家富裕而另一些国家贫困。奥尔森也认为影响一国经济发展的决定性因素是制度,制度的有效程度是发达国家和具有较高发展水平的发展中国家的共同特点。制度有深刻的效率因素,不同制度下的经济绩效是不同的。

制度作为一种稀缺要素,其短缺或供给的滞后同样会制约经济发展。不同于劳动、资本等要素相互之间可以替代,制度具有"资产专用性",制度短缺不能由其他要素来替代。因而,从这一角度来讲,制度对于经济绩效的重要性甚至要高于其他生产要素。

20世纪90年代以来,以理论与实证相结合为基础,经济学家对世界经济发展模式的理解逐步回归到以"制度为本"的观点上来,学者们越来越重视为制度变迁和改革措施对经济绩效的影响提供经验证据,这也进一步为经济增长的制度决定论提供了强有力的实证依据。

针对世界各国制度研究的大量事实都验证了制度对经济增长的决定性作用。Acemoglu等[1]在考察殖民者的制度传承对殖民地国家经济增长的影响时发现,制度对人均收入有巨大影响。Urbano等[2]对2004—2012年14个发展中国家的研究表明,一些诸如创业程序的数量、私人信贷覆盖率和获得沟通的机会等制度因素,影响着机会驱动的创业活动,进而影响着新兴经济体的经济增长。同时,一些研究也表明,正是制度因素导致了一些国家的经济发展缓慢。Ogbuabor[3]的研究表明,西非地区的制度因素限制了其经济增长,具体而言,腐败、政府无能、监管质量薄弱、政治不稳定、缺乏法治和缺乏问责制等因素阻碍了区域经济的增长,这些地区需要建立完善的制度,才能够吸引更高水平的投资,以促进持续的经济增长和社会发展。

2.制度在其他因素影响经济发展中的作用研究

除此之外,制度还在其他因素影响经济发展中发挥了作用。Epo和Faha[4]利

① ACEMOGLU D, JOHNSON S, ROBINSON J A. The colonial origins of comparative development: an empirical investigation [J]. American Economic Review, 2001, 91(5): 1369-1401.

② URBANO D, AUDRETSCH D, APARICIO S., et al. Does entrepreneurial activity matter for economic growth in developing countries? The role of the institutional environment[J]. International Entrepreneurship and Management Journal, 2020, 16(3): 1065-1099.

③ OGBUABOR J E, ORJI A, MANASSEH C O., et al. Institutional quality and growth in west africa: what happened after the great recession? [J]. International Advances in Economic Research, 2020(26): 343-361.

④ EPO B N, FAHA D R N. Natural resources, institutional quality and economic growth: an african tale[J]. The European Journal of Development Research, 2020, 32(2): 99-128.

用 1996—2016 年 44 个非洲国家的面板数据,考察了制度在自然资源与经济增长关系中的作用,结果显示自然资源与经济增长之间的关系因制度质量而有所差异。Firmin 和 Adama[1] 考察了 1980—2019 年西非经济货币联盟的制度质量在其债务与经济增长关系中的作用,制度质量对经济增长有着积极而显著的净影响,凸显了制度质量在债务管理中的重要作用。Bon[2] 认为 FDI 与制度质量的相互作用对经济增长具有显著的正向影响。Xu 等[3] 验证了制度质量对地方经济和周边经济都有影响,制度质量对"资源诅咒"效应具有调节作用。

制度质量体现在多个方面,从制度质量展现的因素来看,各制度因素对经济增长的影响程度并不一致。Nedić 等[4] 实证分析了世界银行五个成员国的制度改革政策和制度质量对经济增长的影响。其中,政府有效性和监管质量对经济增长影响最大;治理腐败和法治变量对人均 GDP 的影响强度略弱,但也非常显著。Nauro 等[5] 以 1870 年以来的巴西为例研究,认为正式政治制度的变化和非正式制度不稳定都会对经济增长产生负面影响;但从长远来看,正式制度会显著影响经济增长。

在针对中国的研究中,Li 等[6] 认为在中国经济增长的早期阶段,制度质量并没有起到关键作用;随着经济的增长,制度质量最终成为影响经济增长的最重要因素。因此,建立高质量的制度对长期经济增长起着关键作用。

(二)国内研究现状

1.制度创新与经济增长研究

自 1978 年改革开放以来,中国在各个领域所采取的制度性改革措施使得本国经济飞速发展,中国经济体制改革也是一种制度变迁[7]。在针对中国改革开放政策 40 余年来带来的经济高速增长问题的研究中,均无法回避中国经济体制改革这一制度变迁过程的影响。中国从传统计划经济转向市场经济的过程是一个经济高

① FIRMIN C K , ADAMA D . Debt and growth in west african economic and monetary union countries (WAEMU): the role of institutional quality[J]. Modern Economy, 2020, 11(9): 1505-1521.

② BON N V. The effect of FDI on the relationship between fiscal decentralisation and economic growth in Vietnam: empirical evidence from provincial data[J]. Theoretical Economics Letters, 2019(9): 2093-2109.

③ XU H L , JILENGA M T , DENG Y P . Institutional quality, resource endowment, and economic growth: evidence from cross-country data[J]. Emerging Markets Finance and Trade, 2018, 9(21): 1754-1775.

④ NEDIĆ V , DESPOTOVIĆ D , CVETANOVIĆ S, et al. Institutional reforms for economic growth in the Western Balkan countries[J]. Journal of Policy Modeling, 2020, 42(5): 933-952.

⑤ NAURO C , MENELAOS K , PANAGIOTIS K, et al. Political instability, institutional change and economic growth in Brazil since 1870[J]. Journal of Institutional Economics, 2020, 16(6): 1-46.

⑥ LI J Q , HAN Q H , LIU P F, et al. Institutional quality, financial friction, and sustained economic growth: the case of china[J]. Emerging Markets Finance and Trade, 2020, 56(14): 1-16.

⑦ 蔡昉.城乡收入差距与制度变革的临界点[J].中国社会科学,2003(5):16-25,205.

速增长的过程,而高速增长的动力被认为来源于制度变迁[1]。作为发展中国家,这种渐进式制度变迁及其所带来的一系列制度安排和创新,吸引了学者们展开针对制度变迁与经济增长之间的关系的实证研究。中国的经济制度变迁实现了由计划经济向市场经济制度的转变,引发经济的持续高速增长[2],制度的不断演进和变革引起的资源重新配置是中国经济过去高速增长最重要的贡献来源[3],而一定框架内的制度创新对单个经济体有更积极的意义[4]。康继军等[5]考察中国经济体制改革进程与经济增长的关系,证实了短期内中国经济增长的动力确实部分来源于经济体制的市场化改革所带来的能量释放,而资本和劳动仍然是改革开放以来中国经济增长的主要因素。李晓西和杨琳[6]认为制度创新是现代经济增长的重要推手。石自忠和王明利[7]构建了包含市场化程度、非国有化率、产业合理化程度、对外开放及城镇化率五个指标在内的制度变迁评价体系,考察了制度变迁对我国农业经济增长的影响,结果显示,自1979年以来的制度变迁对农业经济有长期影响,且存在明显的状态转换和阶段性特征。孙正等[8]的研究显示了以"营改增"为主线索的新一轮流转税改革能够为中国经济高质量增长提供制度红利。何雄浪和杨盈盈[9]认为,制度对经济增长的促进作用是通过制度对生产要素产出弹性的影响程度增强来实现的。刘晔[10]的研究显示了经济制度影响经济增长的主要途径是产权制度、经济运行制度、对外开放制度,当然各制度对经济增长的影响程度有所区别。

现有研究对于制度创新提升经济绩效的作用持肯定态度,不同于传统经济增长理论中的劳动、资本、人力资本等要素投入,制度创新在促进经济增长方面发挥了关键作用。学者们对于制度创新影响经济绩效的实证研究也取得了一致的结论,即制度对经济绩效具有促进作用。

---

① 卢现祥,朱迪.中国制度变迁40年:回顾与展望:基于新制度经济学视角[J].人文杂志,2018(10):13-20.

② 许养勇.改革开放以来中国经济制度变迁回顾与思考[J].西部论坛,2021,31(1):1-11.

③ 王小鲁.中国经济增长的可持续性与制度变革[J].经济研究,2000(7):3-15.

④ 杨汝岱.制度与发展:中国的实践[J].管理世界,2008(7):151-159.

⑤ 康继军,张宗益,傅蕴英.中国经济转型与增长[J].管理世界,2007(1):7-17,171.

⑥ 李晓西,杨琳.虚拟经济、泡沫经济与实体经济[J].财贸经济,2000(6):5-11.

⑦ 石自忠,王明利.制度变迁对中国农业经济增长的影响[J].华中农业大学学报(社会科学版),2018(5):49-58,162-163.

⑧ 孙正,陈旭东,雷鸣."营改增"是否提升了全要素生产率?:兼论中国经济高质量增长的制度红利[J].南开经济研究,2020(1):113-129.

⑨ 何雄浪,杨盈盈.制度变迁与经济增长:理论与经验证据[J].中央财经大学学报,2016(10):79-85.

⑩ 刘晔.经济制度变迁影响经济增长的实证研究[J].经济经纬,2017,34(3):74-80.

2.其他领域制度变迁产生的影响研究

除了经济领域制度变迁,学者对中国改革开放以来其他领域的制度变迁带来的影响也做了大量研究。如土地制度改革、产权制度安排、户籍管理制度、医疗保障制度等产生于各个领域的制度变迁对经济的影响。可以说,不同领域的制度变迁相互协同共同影响经济发展。

(1)土地制度改革

土地制度改革方面,中国由家庭联产承包责任制取代集体农作制度这一制度变迁,对中国农业生产力的贡献份额在20%~50%,有的学者对此的估计值甚至高达70%[①]。刘凯[②]从宏观层面研究了中国特色的土地制度因素与经济高增长之间的关系,如果中国采取其他发展中国家的土地制度,则 GDP 将比当前水平下降36%,可见,土地公有制具有中国的制度优势,是过去几十年中国经济高速增长的重要原因,同时,他认为中国现行的土地制度仍然存在可以改进的空间。姚洋[③]研究了导致中国农村地权稳定性变化的因素,认为中国农村土地调整的制度演进具有诱致性制度变迁的特征。丰雷等[④]在对中国农村土地调整的制度演进及地区差异的实证分析中,证实了这一结论。Sun 和 Chen[⑤]认为,以往在考察中国家庭联产承包责任制对农业增长贡献的研究中把制度变迁的过程看作外生的,他们认识到制度变迁的内生性,并利用滞后天气冲击和初始固定资产的外生变化进行一致性估计,利用1970—1987 年省级面板数据中关于灌溉、机械化、天气和制度变迁数据展开研究,结果表明,家庭联产承包责任制对中国农业增长具有显著的积极影响。

(2)知识产权制度

知识产权制度关系到一个国家的创新能力,以至于影响国家的经济增长。完善的知识产权保护制度作为重要的产权制度安排鼓励了创新活动,使得具有技术优势的国家获得更高的经济效益,这也进一步固化了其在科技领域的垄断地位;而创新能力较弱的国家往往需要借助于知识与技术的国际扩散和转移来推进其产业技术的发展。尤其在国家经济发展的初级阶段,技术基础薄弱,急需借鉴具有相对

①　卢现祥,朱迪.中国制度变迁40 年:回顾与展望,基于新制度经济学视角[J].人文杂志,2018(10):13-20.

②　刘凯.中国特色的土地制度如何影响中国经济增长:基于多部门动态一般均衡框架的分析[J].中国工业经济,2018(10):80-98.

③　姚洋.集体决策下的诱导性制度变迁:中国农村地权稳定性演化的实证分析[J].中国农村观察,2000(02):11-19,80.

④　丰雷,蒋妍,叶剑平.诱致性制度变迁还是强制性制度变迁?:中国农村土地调整的制度演进及地区差异研究[J].经济研究,2013,48(6):4-18,57.

⑤　SUN S M,CHEN Q. Household responsibility system and China's agricultural growth revisited:addressing endogenous institutional change[J]. Economics of Transition and Institutional Change, 2020, 28(4): 537-558.

技术优势国家的先进技术,这就使得其产权制度相对宽松。我国学者对此的研究,证实了知识产权保护制度有利于一个国家的创新,并进一步影响经济增长,是取决于国家经济所处的不同历史时期的。也有学者认为,该影响取决于该国的初始保护力度。董雪兵等认为,知识产权保护制度对技术创新的影响因国家所处发展时期长短而不同。由此可以看出,知识产权保护制度对一个国家的创新能力和经济增长的影响取决于两个方面:一是国家的知识产权初始保护力度;二是国家所处的不同发展时期,适用不同程度的知识产权保护制度。但是从长期来看,严格的知识产权保护制度对于经济增长是有利的。

3.制度对地区经济发展的影响研究

从一个国家的发展历程来看,制度创新使得不同阶段的经济绩效展现出不同的效果,总体表现为制度质量的提高促进了经济绩效的提升。从一个国家的内部来看,制度因素同样是地区经济水平差距扩大的因素之一。作为发展中国家,中国地区经济发展的不平衡除了地理区位和历史原因外,与整个社会经济体制的改革和演进也有着更为密切的联系①。我国地区差距的根本原因,在于市场化的制度变迁程度差异,不同地区实施制度变迁效果不同,制度变迁程度受所在地区现有制度环境、制度变迁成本的制约②。

除了地区差距外,中国经济发展的不平衡还体现在城乡差距上,导致这些差距的因素除了区域因素以及行业因素外,更深层次的原因是一系列的制度性因素③。我国20世纪50年代末实施的户籍管理制度导致我国城乡二元结构产生的收入差距是中国收入分配不平等的主要原因。户籍管理制度具有明显的城镇偏向,诱发制度变迁偏离均衡,同时形成了符合城镇偏向的城乡利益格局④。制度因素的净影响决定着城乡收入差距的演变趋势,户籍制度产生的制度扭曲效应成为城乡收入差距的最大贡献⑤。另外,我国城乡居民基本养老保险制度的建立缩小了城乡居民收入的差距⑥。朱铭来和胡祁⑦在以40个国家的面板数据分析医疗保障制度

---

① 赵亚明.地区收入差距:一个超边际的分析视角[J].经济研究,2012,47(S2):31-41,68.

② 郑耀群,周新生.制度变迁程度与区域经济差距:一个分析框架[J].贵州社会科学,2008(5):109-112.

③ 周晓桂.经济新常态下我国收入分配制度改革的再思考[J].宏观经济管理,2019(9):51-58.

④ 蔡昉.城乡收入差距与制度变革的临界点[J].中国社会科学,2003(5):16-25,205.

⑤ 孙华臣,焦勇.制度扭曲与中国城乡收入差距:一个综合分解框架[J].财贸经济,2019,40(3):130-146.

⑥ 王翠琴,田勇.城乡居民基本养老保险缩小了收入差距吗?:基于湖北省数据的实证检验[J].农村经济,2015(12):74-79.

⑦ 朱铭来,胡祁.医疗卫生支出与经济增长:基于医疗保障制度调节效应的实证研究[J].上海经济研究,2020(5):81-95.

对经济增长的作用,结果显示,短期内公共医疗保障制度的建立健全有利于抑制医疗卫生支出对经济增长的负面影响,长期来看,商业健康保险制度也会通过人力资本积累机制有效促进医疗卫生支出的经济增长效应。

通过以上关于制度变迁与经济绩效关系的研究中可以看出,无论是经济领域制度变革,还是土地制度改革、产权制度安排、户籍管理制度、医疗保障制度等产生于各个领域的制度变迁,都对经济增长,甚至收入分配产生了影响。这也进一步验证了制度创新的重要性,本书主要针对经济领域的制度创新展开研究。

二、制度创新与企业绩效

制度对经济绩效的影响无疑是重要的,制度创新对经济的影响直接作用于经济的微观组成单位——企业。制度是影响一国企业生产率的重要因素[①]。作为经济单位的基本元,企业生产率依赖于其所处的制度环境[②]。Serena 和 Nooh[③] 基于约旦企业样本调查得出结论,制度环境的不确定性在企业相关决策中起着至关重要的作用,如果制度环境被认为是不确定的,这会对企业的增长预期产生负面影响。Ješić 和 Jakšić[④]对 2007—2017 年包括保加利亚、克罗地亚、捷克共和国、匈牙利、波兰、罗马尼亚、塞尔维亚和斯洛伐克共和国在内的欧洲国家的数据分析表明,制度特征是影响企业 R&D(Research and Development,科学研究与试验发展)的显著因素,政府的有效性和对腐败的控制程度在支持企业研发方面尤其重要。Pereira 等[⑤]考察了 2010—2013 年欧洲 14 个国家的制度、经济和社会特征对通过创造就业机会实现企业增长的影响,结果显示制度、经济和社会特征对企业成长的影响存在显著差异。企业最有可能从外部环境中受益,并通过区域政府量身定制的政策改革以及通过管理者制定的企业级战略规划实现。

在经济转型与结构调整的大背景下,推动中国经济高质量增长离不开目前所进行的一系列制度性改革和创新,学者们也对这些制度性改革和创新的制度红利

① GROSSMAN G , HART O . The costs and benefits of ownership: a theory of vertical and lateral integration [J]. Journal of Political Economy, 1986, 94(4): 691-719.

② ACEMOGLU D , JOHNSON S , ROBINSON J A . The colonial origins of comparative development: An empirical investigation[J]. American Economic Review, 2001, 91(5): 1369-1401.

③ SERENA S , NOOH A . Institutional uncertainty and growth expectations of businesses: the case of Jordan [J]. International Social Science Journal, 2020(70): 237-238.

④ JEŠIĆ M , JAKŠIĆ M. The impact of institutional features on R&D in business enterprise sector and sustainable growth[J]. Journal of Central Banking Theory and Practice, 2020, 9(3): 61-76.

⑤ PEREIRA V , CORRADINI C , TEMOURI Y. et al. Investigating institutional, economic and social determinants of european regions for firm growth through employment generation[J]. British Journal of Management, 2020, 31(1): 162-183.

展开了研究。其中,制度性改革对全要素生产率的政策效应也得到了学术界的关注。制度环境较好地区的企业全要素生产率相对较高①,而创新研发活动是制度环境影响企业生产率的间接原因。如市场中介组织与要素市场发育程度②、制度环境正向提升了企业全要素生产率③。马光荣④基于中国市场化转型这一大规模的制度变迁,以市场化指数为制度指标考察了制度改善对企业生产率的影响,企业全要素生产率取决于企业内部微观生产率和企业间资源配置效率。以市场化程度为表征的制度改善显著提高了企业的生产率,这主要是源于制度可以通过激励机制的改善提高企业内部的资源配置效率,从而提高企业微观生产率。同时,在制度的激励下,使投入要素由低生产率企业流动到高生产率企业,改善资源在企业间的配置效率。孙正等⑤验证了以"营改增"为主的流转税改革能够显著提高我国全要素生产率。贺胜兵等⑥基于285个地级以上城市的数据,分析了设立承接产业转移示范区对地区全要素生产率的政策处理效应。我国在产品生产领域实施的强制认证制度在提升产品质量安全的同时,通过提升企业的创新能力、提升管理能力和增加资源性认证三个方面提升了企业生产率⑦。林毅夫等⑧证实了国家级经济开发区通过提供更好的制度环境提升了企业全要素生产率。从有效的制度安排角度来看,减少政府干预、发挥市场对资源配置作用的制度安排显然对企业绩效有正向作用,如市场化、减少行政干预、司法公正与效率、执行合同的时间和成本等,但制度对不同产业的影响存在着差异,对于制度依赖性产业的促进作用更强⑨。改善地区制度环境能够有效促进企业市场竞争力的持续提升和资源的优化配置⑩。程波

---

① 张杰,李克,刘志彪.市场化转型与企业生产率:中国的经验研究[J].经济学,2011,10(2):571-602.

② 曹琪格,任国良,骆雅丽.区域制度环境对企业技术创新的影响[J].财经科学,2014(1):71-80.

③ 宋跃刚,吴耀国.制度环境、OFDI与企业全要素生产率进步的空间视角分析[J].世界经济研究,2016(11):70-85,136.

④ 马光荣.制度、企业生产率与资源配置效率:基于中国市场化转型的研究[J].财贸经济,2014(8):104-114.

⑤ 孙正,陈旭东,雷鸣."营改增"是否提升了全要素生产率?:兼论中国经济高质量增长的制度红利[J].南开经济研究,2020(1):113-129.

⑥ 贺胜兵,刘友金,段昌梅.承接产业转移示范区具有更高的全要素生产率吗?[J].财经研究,2019,45(3):127-140.

⑦ 罗连发.政府规制对企业生产率的影响:基于我国强制认证制度的一个实证分析[J].西北师大学报(社会科学版),2020,57(4):112-121.

⑧ 林毅夫,向为,余淼杰.区域型产业政策与企业生产率[J].经济学,2018,17(2):781-800.

⑨ 魏婧恬,葛鹏,王健.制度环境、制度依赖性与企业全要素生产率[J].统计研究,2017,34(5):38-48.

⑩ 李宏亮,谢建国.服务贸易开放提高了制造业企业加成率吗:基于制度环境视角的微观数据研究[J].国际贸易问题,2018(7):28-40.

辉和陈玲①从定性的角度考察制度结构对企业绩效的影响时,认为正式制度比非正式制度对企业绩效的影响更大,其中政府职能、审批制度、法规政策仍是影响企业绩效的重点领域。周阳敏和赵亚莉②实证检验了制度环境能够提升企业绩效。

相关研究已经表明制度与企业绩效息息相关,然而并非所有的制度安排都为企业提供了高效的制度环境。赵海怡③构建了中国地方营商制度环境评价指标体系,结果显示我国营商环境地方制度供给存在地区差异,地方制度供给不能满足企业运营需求。孔东民等④考察企业上市前后生产率的变化时,发现制度型激励使得公司上市后企业全要素生产率下降。钱雪松等⑤研究发现,十大产业振兴规划这一产业政策影响了市场的资源配置作用。

三、制度创新的度量

1. 制度创新指标的度量

分析制度创新对企业经济绩效的影响,首先要找到合理的测度制度创新水平的方法。直接测度制度创新的质量参数,即制度创新对经济活动参与者的激励与约束水平非常困难。因此,选取制度创新的代理变量就成为必然选择,虽然这种方法并不能精确计量制度创新的质量参数,但并不会从根本上影响分析结论⑥。因为制度创新是一个动态变化的过程,虽然很难测出不同的制度下激励和约束水平的绝对值,但是由于理论上已经明确了不同的制度具有不同的激励与约束水平,因此,可以用制度的动态变迁来计量制度的质量。例如,由于理论上已经明确公有产权的激励与约束机制弱于私有产权制度,那么就可以用产权的非公有化,即公有产权比重的下降、非公产权比重的上升这一代理变量来表示制度变迁和制度质量的改进。同样,理论上已经明确集中计划配置资源效率低于市场配置资源,那么就可以用资源市场配置程度的提高即市场化程度来表示制度质量的改善。可见,制度本身虽然不可以计量,但制度变迁和制度质量改善的动态过程却可以通过具体的

① 程波辉,陈玲.制度性交易成本如何影响企业绩效:一个制度经济学的解释框架[J].学术研究,2020(3):70-75.

② 周阳敏,赵亚莉.制度环境、制度资本与企业绩效关系的实证检验[J].统计与决策,2019,35(22):180-183.

③ 赵海怡.企业视角下地方营商制度环境实证研究:以地方制度供给与企业需求差距为主线[J].南京大学学报(哲学·人文科学·社会科学),2020,57(2):51-64.

④ 孔东民,王亚男,代昀昊.为何企业上市降低了生产率?:基于制度激励视角的研究[J].金融研究,2015(7):76-97.

⑤ 钱雪松,康瑾,唐英伦,等.产业政策、资本配置效率与企业全要素生产率:基于中国2009年十大产业振兴规划自然实验的经验研究[J].中国工业经济,2018(8):42-59.

⑥ 袁庆明.新制度经济学教程[M].2版.北京:中国发展出版社,2014:434.

制度变迁过程表示出来。

2.制度质量指标的度量

由于制度质量的不可测性,衡量制度质量的指标尚未统一。Hall 和 Jones 将各个国家到赤道的距离作为制度的工具变量,认为制度和国家政策是造成不同国家的单位工人(平均)产出差异的主要原因。Acemoglu 等[①]把欧洲早期殖民者在殖民地的每千人死亡数作为制度的工具变量,验证了制度差异是造成国家间经济增长差异的重要原因。另有一些研究中采用了全球治理指标体系或其中的一个指标来衡量制度质量,包括民主程度、政治稳定、政府效率、管制质量、法律法规和腐败控制。胡昭玲和张玉[②]采用世界治理指标数据库中的法律法规作为制度质量的衡量指标,用以验证制度质量改进能否提升价值链分工地位。另外,也有研究以世界银行数据库中跨国治理指数作为制度质量的代理变量[③]。

值得一提的是,樊纲等[④]提出的以市场化指数作为制度质量的代理指标在学术界得到了广泛的应用。市场化程度从某种意义上反映了中国制度变革的效果,能够很好地代表中国制度质量,得到了众多学者的认可。宋跃刚和吴耀国[⑤]以市场化指数作为制度环境的代理变量,考察了制度环境与企业全要素生产率的关系。张杰等采用市场化指数体系中各省份地区的市场化指数考察了市场化转型对中国企业生产率的影响。陶长琪和彭永樟[⑥]用中国地区市场化进程报告中的政府支持度、非国有经济发展度、要素市场发育度和市场法律规范度衡量制度质量,实证检验了创新驱动和制度质量对经济增长的影响,结果显示都存在显著的门槛效应。康继军等[⑦]构建了市场化相对指数来描述中国经济体制的市场化进程。邓路和谢志华[⑧]、陈志勇和陈思霞[⑨]将市场化指数作为衡量各省份制度质量差异的代理变量。刘英基[⑩]在其构建的制度质量指标体系中,除了包括樊纲等计算的市场化指

① ACEMOGLU D , JOHNSON S , ROBINSON J A. The colonial origins of comparative development: An empirical investigation[J]. American Economic Review, 2001, 91(5): 1369–1401.

② 胡昭玲,张玉.制度质量改进能否提升价值链分工地位? [J].世界经济研究,2015(8):19-26,127.

③ KNACK S , KEEFER P.Institutions and economic performance: cross – country tests using alternative institutionalmeasures [J]. Economics and Politics,1995,7(3): 207-227.

④ 樊纲,王小鲁,马光荣.中国市场化进程对经济增长的贡献[J].经济研究,2011,46(9):4-16.

⑤ 宋跃刚,吴耀国.制度环境、OFDI 与企业全要素生产率进步的空间视角分析[J].世界经济研究,2016(11):70-85,136.

⑥ 陶长琪,彭永樟.从要素驱动到创新驱动:制度质量视角下的经济增长动力转换与路径选择[J].数量经济技术经济研究,2018,35(7):3-21.

⑦ 康继军,张宗益,傅蕴英.中国经济转型与增长[J].管理世界,2007(1):7-17,171.

⑧ 邓路,谢志华.民间金融、制度环境与地区经济增长[J].管理世界,2014(3):31-40,187.

⑨ 陈志勇,陈思霞.制度环境、地方政府投资冲动与财政预算软约束[J].经济研究,2014,49(3):76-87.

⑩ 刘英基.制度质量、知识资本与工业绿色生产率提升[J].科技进步与对策,2018,35(11):77-83.

数衡量市场化进程,还构建了其他指标,在一定程度上扩展了衡量制度创新的指标范围。邓宏图和宋高燕[1]从历史事实出发,利用各省区建国初期的"干部学历分布"作为制度质量的工具变量。可见,在已有的研究中对于制度质量的度量尚未得到统一,即便是被广泛应用的市场化指数指标体系,学者们基于研究目的不同,采用的具体指标也不一致。

尽管市场化指数作为衡量制度因素的代理变量得到了国内学者的广泛应用,除了部分代表性的研究外,大部分国内学者使用百分比指标来对中国经济的整体市场化进程进行基于时间序列的刻画,这种处理方式带来的后果是不同指标绝对值之间存在较大差距,而简单的百分率虽然可以反映市场化的程度,但当指标值与显示的实际感受存在较大差距时,多数研究均采用主观调整的方式进行处理,这就给测度过程带来了随意性。同时,市场化指数与经济增长之间可能存在内生性,而这会造成估计结果的"有偏"[2]。另外,以上学者针对制度变量的研究多是使用市场化指数等指标基于省级宏观层面进行分析,该指标对于微观企业层面的研究并不适用。基于以上原因,本书中对于制度创新的衡量并没有采取单一指标或指标体系。考虑到自由贸易试验区作为制度型开放的载体,以制度创新为核心,为我们提供了一个理想的制度创新样本,因此,以自由贸易试验区的制度创新作为准自然实验,采用双重差分模型考察制度创新的政策效应是合理的。

第四节　本书研究框架

制度创新对经济增长起着决定性的作用,宏观经济增长的背后是无数微观个体的经济活动表现。那么制度创新对经济的作用能否通过企业层面得到证实? 本书基于这一思路展开制度创新对企业绩效影响的研究。自由贸易试验区作为以制度创新为核心的试验田,为我们提供了一个非常恰当的准自然实验,为研究提供了实证对象。本书认为制度创新不但作为内生因素直接对企业绩效产生影响,而且通过对企业的交易成本、技术创新产生积极影响进一步影响企业绩效。鉴于此,本书以中国 A 股上市公司为研究对象,检验自由贸易试验区的制度创新对企业绩效

---

①　邓宏图,宋高燕.学历分布、制度质量与地区经济增长路径的分岔[J].经济研究,2016,51(9):89-103.

②　同上。

产生的影响。参考已有研究①,关于企业绩效的衡量主要从企业全要素生产率和企业劳动生产率两个角度展开。制度创新对经济增长的促进作用得到了学者们的关注。自由贸易试验区自设立以来,学者们从不同角度考察了自由贸易试验区的经济效应。本书在现有研究的基础上,首次从微观方面考察了自由贸易试验区制度创新的政策效应,验证了新制度经济学的核心观点,并结合新制度经济学的有关理论,详细阐述了制度创新对企业绩效的作用机制。

与已有研究相比,本书主要关注以下两方面内容。

第一,评估自由贸易试验区制度创新政策效果方法。虽然学者们从各个方面采取不同的指标衡量制度质量,然而衡量制度质量的指标尚未达成一致;同时学者们基于不同研究目标对于指标的选取难免存在主观限制,且市场化指数用来衡量制度因素虽然得到了广泛应用,但并不适用于微观层面。不可否认的是,制度质量的改善源于制度创新,而制度创新又涵盖了经济社会各个领域的系统性变革,单纯的某一个或几个指标很难刻画制度创新的本质,采用指标合成又存在指标的选取以及权重确定的主观性问题,尤其对于企业来说存在行业异质性特征,不同行业受到不同制度创新的影响各异。因此,从这一角度来说,寻找一个能够全面刻画制度创新的代理变量是必要的。自由贸易试验区的核心任务就是制度创新,伴随着自由贸易试验区的设立,一系列可复制、可推广的制度创新相继产生。因此,自由贸易试验区的设立为制度创新提供了一个非常理想的准自然实验。以自由贸易试验区的设立作为制度创新的代理变量,进一步采用双重差分模型研究制度创新对企业绩效的影响,可以更全面地反映制度创新的政策效果。

第二,构建制度创新影响企业绩效的机理模型。本书通过分析制度创新与企业绩效之间的联系,基于技术创新的调节效应与交易费用的中介效应,构建了制度创新影响企业绩效的机理模型。同时,在研究结论上,本书丰富了以往的研究。验证了自由贸易试验区的制度创新对微观企业的影响,通过机制分析验证技术创新和交易费用是制度创新促进企业提升绩效的作用路径,为自由贸易试验区影响企业绩效提供了微观证据,丰富自由贸易试验区的微观效应成果。

本书研究内容的组织结构如图1-1所示。

---

① 王进猛,沈志渔.内部贸易对外资企业绩效影响实证研究:基于国际分工和交易成本视角[J].财贸经济,2015(2):74-86.

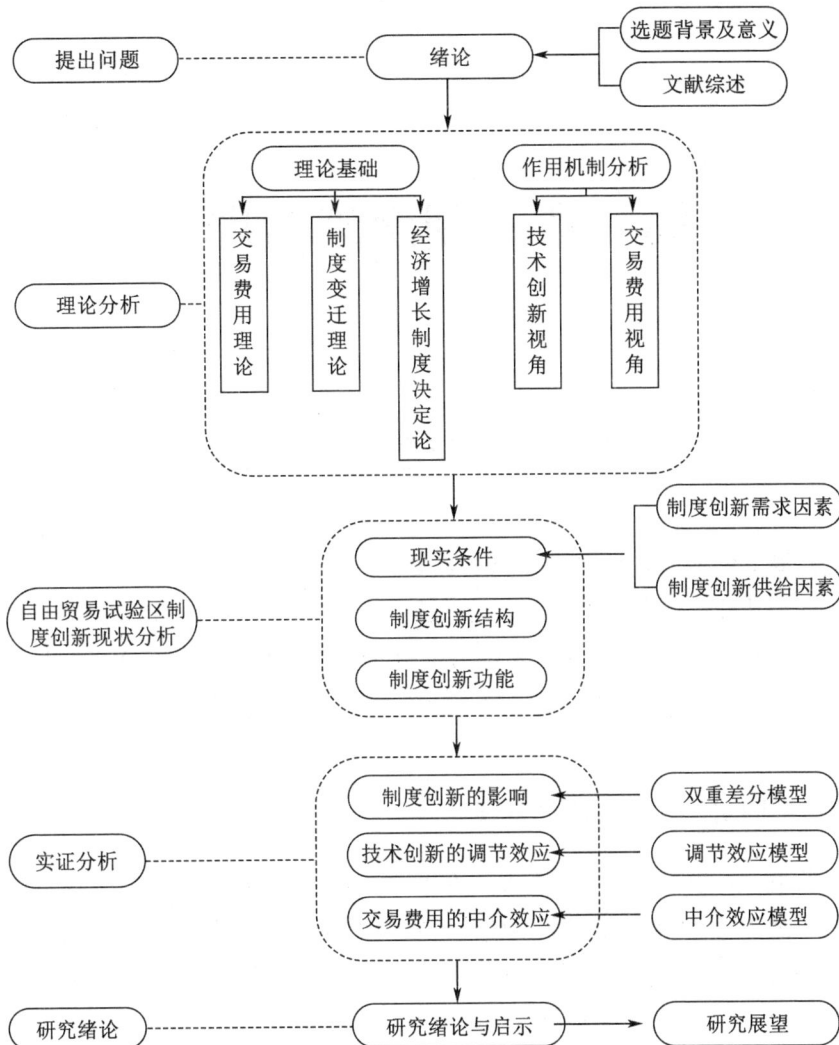

图1-1 本书研究框架

第二章　制度创新理论

第一节　交易费用理论

制度建立的本质就是为了减少交易成本,交易费用理论从交易成本最小化的角度为制度比较提供了评价标准。诺思认为,经济学家在构造他们的模型时,忽略了交易所产生的费用,而这些交易费用是制度建立的前提。考虑有交易费用的交换过程,不但对传统的经济理论进行了修正,而且使得经济的研究更接近于真实的世界。

一、科斯对交易费用的"发现"

科斯最早发现交易费用的存在。在此之前,新古典经济学以完全竞争的自由市场经济为背景,认为价格机制能够使得资源配置达到帕累托最优状态,这意味着市场价格机制的运行是无成本的。在新古典经济学理论中,交易无须事前了解市场信息,也不存在任何对交易过程的监督费用,以及为达成交易做任何努力。也就是说,交易是不需要任何费用的。科斯在其《企业的性质》中对此进行了质疑。他认为,既然交易不存在费用,那么人们为什么还要建立企业,以便在企业内部配置资源,也就是说企业取代市场的原因是什么? 科斯认为,正是由于价格机制的运行是存在成本的,而在企业内部交易可以在一定程度上降低市场交易成本,由此才使得企业代替市场。科斯认为,通过价格机制组织生产的最明显的成本就是发现相关价格的工作。他提出企业作为市场的替代物,作为一种不同于市场的交易组织或交易方式,正是市场的本质。科斯虽然没有使用"交易费用"这一专业术语,但是他发现了交易费用的存在,这一发现打破了新古典经济理论的零交易费用假设,使得关于市场交易的分析更接近于现实。

二、交易费用理论的拓展

在科斯发现交易费用的存在后,许多学者从不同角度对交易费用理论进行了拓展。威廉姆森在科斯研究的基础上,对交易费用的内涵和外延进行了拓展,对交易费用产生的原因从资产专用性、机会主义、有限理性、不确定性,以及交易的频率等多方面进行了解释;除此之外,他还建立了交易费用与资产专用性等变量的关系式,将交易费用理论和方法应用到经济组织问题的研究中,拓展了交易费用研究和应用的领域。诺思也对交易费用理论进行了拓展,他认为信息的高昂成本是交易费用的关键。交易费用之所以存在,是因为交换的价值乃是不同属性的价值在商品或劳务内的加总,衡量这些属性的价值需要耗费资源;除此之外,交易双方关于商品信息的不对称使得交易中的一方可能通过隐藏信息获得收益,这也是产生交易费用的原因。张五常从交易费用和风险规避两个角度对农业土地契约进行了研究,他综合交易成本的不同及风险规避的差异分析了土地契约的选择问题,并对交易费用理论的应用进行了拓展。

三、交易费用的内涵

新制度经济学突破了零交易费用假设,认为市场交易是存在成本的。交易活动也是要耗费稀缺性资源的,这种交易活动所产生的费用大小直接影响资源配置效率。在交易费用存在的情况下,制度的重要性才显示出来。科斯将交易费用解释为"利用价格机制的成本"。康芒斯认为,"交易"是制度经济学的基本分析单位。诺思通过衡量美国市场的交易费用(如与银行、保险、金融、批发、零售有关的费用,或者从职业角度与律师、会计师等有关的费用)规模,发现国民收入被用在交易上的费用降低了 20%。可见,用于交易的经济资源已经具有相当规模。袁庆明[1]将交易费用的性质归结为以下几点:交易费用也需要耗费资源;交易费用影响交易的达成;交易费用是可以降低的。

四、交易费用的类型

交易费用产生于交易过程之中,诺思[2]认为,信息的高昂成本是交易费用的关键。交易费用包括衡量交换物价值的成本、保护权利的成本以及监管与实施契约的成本。诺思认为,制度所提供的交换的结构,加上所用的技术决定了交易费用与

---

[1]　袁庆明.新制度经济学[M].北京:中国发展出版社,2005:368-369.

[2]　道格拉斯·诺思.制度、制度变迁与经济绩效[M].杭行,译.上海:格致出版社,2008:115-116.

转化费用,即制度和技术是降低交易费用的两种主要力量。制度的一项重要功能就是降低交易费用,技术对交易费用的降低所起的作用,主要体现在它可以节省交易的信息搜寻费用。科斯认为,交易费用包括发现相对价格的费用、谈判和签约的费用以及其他方面的不利因素或者成本。威廉姆森[1]将交易费用区分为签订合同之前的"事前交易费用"和签订合同之后的"事后交易费用"。

弗鲁博顿和芮切特[2]将交易费用分为以下几种类型。

(1)市场型交易费用,指使用市场的费用和企业内部发号施令的费用。现实中的交易信息是不完全的,交易者为了达成交易所产生的交易费用主要包括搜寻信息费用、讨价还价和决策费用以及监督和执行费用。

(2)管理型交易费用,主要包括建立、维持或改变一个组织设计的费用以及组织的运行费用。

(3)政治型交易费用,指制度框架的运行和调整所涉及的费用安排,主要包括建立、维持或改变一个体制中的正式和非正式政治组织的费用以及整体运行的费用。

第二节　制度变迁理论

制度在运行过程中并非一成不变。制度也是有效率的,制度在运作中实现其功能的程度即制度效率。制度效率存在递减现象,这意味着当制度效率降低到一定程度时,制度的变迁是必要的。不同经济的长期绩效差异从根本上受到制度演化方式即制度变迁的影响,这是毋庸置疑的。制度变迁是一个复杂的过程,这是由于制度变迁在边际上可能是一系列规则、非正式约束、正式的规则以及有效性变迁的结果。制度变迁一般是渐进的。

一、制度变迁动因理论

诺思基于效率的角度指出相对价格变化是制度变迁的源泉,相对价格变化产生了构建更有效率的制度的激励。制度变迁的来源,如要素价格比率的变化(即土地-劳动、劳动-资本或资本-土地等比率的变化)、信息成本的改变、技术的改变

---

① 威廉姆森.资本主义经济制度[M].北京:商务印书馆,2002:33-35.
② 弗鲁博顿,芮切特.新制度经济学:一个交易费用分析范式[M].姜建强,罗长远,译.上海:格致出版社,2014:33-37.

等,皆属于相对价格的变化。这些相对价格的变化大部分是内生的,反映了企业家持续的最大化努力,并进而引致制度变迁。企业家获取技能与知识的过程通过预测收益与实施成本、预测新谈判与契约的成本与收益,改变相对价格。戴维斯和诺斯也对引起制度安排需求和供给变动的因素做了分析,认为成本和收益的变动使得制度不再处于均衡状态,并诱致了制度变迁。舒尔茨认为,人的经济价值的提高产生了对制度的新的需求,一些政治和法律制度就是用来满足这些需求的。经济制度处于变迁之中,人们试图对可选择的制度变迁加以考虑来做出社会选择,以增进经济效率和经济福利的绩效。可以说制度变迁是制度供给主体在变迁收益大于变迁成本情况下的一种理性行为。

二、制度变迁的类型

布罗姆利①认为,制度变迁目标的实现途径有四种:一是提高生产率、促进国民收入增长的制度变迁,它类似于"增大馅饼"的活动;二是重新分配收入的制度变迁,它类似于"仅仅是重新分割一块大小固定的馅饼"的活动;三是重新配置经济机会的制度变迁;四是重新分配经济优势的制度变迁。其中,前三类制度变迁都对社会福利做出了积极的贡献,而重新分配经济优势的制度变迁完全是对福利的重新分配,例如,"寻租"作为重新分配优势的特殊例子,即减少了社会总福利。

按照引发因素的不同,学者们把制度变迁分为诱致性制度变迁和强制性制度变迁两类。

(一)诱致性制度变迁

戴维斯和诺斯认为,存在许多外部事件能导致潜在利润的形成,在现有制度安排状态给定的情况下,这些利润是无法获得的。这些外部利润的存在促使人们去努力改变他们的制度安排,其收益来源有以下四个方面:规模经济、外部性、风险、交易费用。如果一种制度创新成功地将这些利润内部化,那么总收入就会增加。正是获利能力无法在现有的安排结构内实现,才导致了一种新的制度安排的形成。林毅夫②认为诱致性制度变迁是对现行制度安排的变更或替代,或者是新制度安排的创造。Ruttan 和 Hayami③强调,制度创新需求的变化是由相关的资源禀赋变化和技术变革引起的理论。他们从农业历史研究中发现,资源禀赋的变化和技术

---

① 布罗姆利.经济利益与经济制度[M].上海:上海三联书店,1996:153-172.

② 林毅夫.关于制度变迁的经济学理论[C]//.科斯,阿尔钦,诺斯,等.财产权利与制度变迁.上海:上海三联书店,1994:384,394-396.

③ RUTTAN V W,HAYAMI Y. Toward a theory of induced institutional innovation[J].The Journal of Development Studies,1984(4):203-223.

的变化导致私有产权的变化和非市场制度的发展,社会科学知识和文化的进步对制度变革供给产生影响。

(二)强制性制度变迁

强制性制度变迁很显然由政府命令或通过法律引入实现,其主体是国家及其政府。与诱致性制度变迁不同的是,强制性制度变迁可以纯粹因在不同选民集团之间对现有收入进行再分配或重新分配经济优势而发生。强制性制度变迁通常用来弥补制度供给不足,制度也可以看作一种公共物品,供给主体是政府。

就引发的因素来说,诱致性制度变迁是基于原有制度安排下无法得到的获利机会所引起的;而强制性变迁的主体是国家及政府,这一点强调了制度的公共品属性。

第三节　经济增长的制度决定论

制度如何影响经济增长是新制度经济学研究的核心问题之一①。诺思对西方世界经济史的深入研究显示,制度是决定经济增长的关键因素。传统的经济增长理论强调了资本、劳动力以及技术对经济增长的决定性作用,以往的经济增长模型忽略了制度因素。

一、传统的经济增长理论

现代意义上的经济增长理论始于 20 世纪 30 年代末,哈罗德-多马模型强调经济增长主要依赖于资本积累,又由于资本投资量的不断增长将导致资本边际生产率的递减,资本回报率将像马克思曾预言的那样会下降,因此,经济增长在那一时期被认为是一种暂时现象。经济学家把劳动、资本等纳入生产函数中,预期产出量不但与资本相关,更与劳动和技术投入相关。因此劳动供给的增长以及技术的提升对经济增长具有积极的作用。尤其随着技术创新逐渐得到学术界的重视以来,生产函数不再是既定的,即更高水平的技术会使得既有的资本流和劳动流转换成更多的产出,因此技术创新成为学者们探索经济增长的主要原因。索洛认为,技术进步是经济增长的最根本的决定因素。舒尔茨提出了人力资本决定论,他指出资源质量是影响产出增长率高于资源增长率的关键,强调了人力资本的重要性。可以看出,在新古典经济理论的假设中,制度不会发生变迁,它们是外生的。新古典

---

① 德勒巴克,奈.新制度经济学前沿[M].张宇燕,译.北京:经济科学出版社,2003:2.

模型中的零交易费用假设脱离了现实。无论是资本决定论、技术创新决定论还是人力资本决定论都忽视了制度和制度变迁的作用。

二、诺思关于经济增长的"制度决定论"

传统的经济增长模型主要通过各种物质生产要素的变化去说明生产率的变化与经济增长，制度因素被排除在外。那么，当物质生产要素不发生改变时，尤其是技术不变的情况下，按照传统经济增长理论，生产率就无法提高，从而不能实现增长。诺思在针对1600—1850年海洋运输的生产率研究中发现，该期间内的世界海洋运输业并没有发生重大技术进步，但海洋运输生产率却大大提高，究其原因是船运制度和市场制度发生了变化。诺思对新古典增长理论的批评深刻揭示出：对经济增长而言，制度不是外生给定的，而是内生的。制度是影响经济增长的重要因素。诺思指出："经济史学家已经集中注意力于技术变化，把它看作增长的源泉，但是，制度安排的发展才是主要的改善生产率和要素市场的历史原因。更有效的经济组织的发展，其作用如同技术发展对于西方世界增长所起的作用那样同等重要。"按照诺思的观点，传统经济增长理论中的创新、资本积累等因素都不是经济增长的原因，他们不过是由制度创新引起的经济增长的表现而已，对经济增长起决定作用的只有制度。制度对经济绩效的增长作用毋庸置疑，诺思将制度融入经济学中，揭示了制度在经济绩效中的作用。那么制度是如何影响经济绩效的呢？他认为，制度通过其对交换与生产成本的影响来影响经济绩效。与技术一起，制度决定了构成总成本的交易费用和生产成本。

诺思等新制度经济学家对制度变迁与经济增长关系的考察极具价值，他的研究主要是通过历史事件和案例分析进行的描述性论述。近年来学者们开发出一些反映制度变迁的代理指标，运用计量方法进行了实证研究，证实制度变迁与经济增长确实存在高度的相关性，从而进一步证实了诺思有关制度变迁对经济增长至关重要的结论。而这些研究主要是围绕宏观层面来进行的，对于制度创新对微观层面的经济增长效应的研究还比较缺乏。微观数据的逐渐丰富为进一步研究制度创新对微观企业的经济效应的影响提供了可能。

第四节　制度创新与经济发展

一、经济发展方式的转变

　　长期以来,中国依靠资本、土地、劳动等生产要素的持续投入推动了经济的高速增长。然而,随着资源、环境等问题的日益凸显,依靠要素驱动来推动经济增长的方式缺乏可持续性,增长动力明显不足。中国经济在经历了高速增长后进入了高质量发展阶段。党的十九大报告指出,高质量经济发展要转变发展方式,以供给侧改革为主线,推动经济发展质量变革、效率变革、动力变革,提高全要素生产率。转变制度供给方式是供给侧结构性改革的关键,也只有通过制度变革才能从根本上寻找经济发展的新动力①。可见,相对于要素驱动型的高速经济增长模式,提升企业的全要素生产率才是实现经济高质量发展的关键。以企业全要素生产率推动经济高质量发展,关键在于完善有利于资源优化配置的制度环境,而制度创新为企业提升绩效提供了有效的制度激励。

二、制度创新与经济增长

　　1.制度创新对宏观经济的作用

　　制度创新对于经济的发展至关重要,新制度经济学家把制度作为经济理论中除天赋要素、技术和偏好三大传统柱石之外的第四大柱石,North②的"制度决定论"认为,传统经济增长理论中的创新、资本积累等因素都不是经济增长的原因,它们不过是由制度引起的经济增长的表现而已。土地、劳动和资本这些要素正是在制度的作用下才得以发挥功能的,对经济增长起决定作用的只有制度。

　　新制度经济学明确了制度对宏观经济增长的决定作用,而宏观经济增长的微观基础是企业总产出的不断提升③。在总的宏观经济增长现象的背后,存在着各个有机微观主体,国民经济的增长直接依赖于作为其细胞的微观经济单位即企业的经济活动,因此制度创新对经济增长的作用可以通过企业微观层面体现出来。

---

　　①　卢现祥.转变制度供给方式,降低制度性交易成本[J].学术界,2017(10):36-49,323-324.

　　②　NORTH D C. Institutions, institutional change and economic performance [M]. Cambridge University Press,1990.

　　③　丁汀,钱晓东."营改增"政策对制造业企业全要素生产率存在溢出效应吗?[J].现代经济探讨,2019(1):77-85.

一国的经济增长必须立足于国内企业生产率的增长①。只有使大多数企业发展、生产率得到提高,国民经济才能增长。

2.制度创新对微观企业的作用

制度不仅对人类的行为起到约束作用,也激励了人们在社会、政治及经济等领域的交换行为。企业作为经济的主体,正是在制度的安排下决定如何配置资源,企业对其资源的使用依赖于外界制度环境,即现有制度安排决定了企业的市场交易过程。可见,制度因素对于企业绩效有直接影响。在已有的文献中,学者从产业政策、排污权交易机制、经济政策不确定性、组织学习等方面研究企业绩效的影响因素。然而,目前众多针对企业绩效的研究中,鲜有关注制度创新对企业绩效影响的研究。而在研究制度因素对企业相关影响的文献中,多数是基于评价指标体系衡量的。由于评价指标体系的确定具有一定的主观性,且在衡量制度创新方面不能全面体现多领域制度创新,导致研究的结论有待商榷。鉴于以上两方面研究的不足,本研究从微观角度分析制度创新与企业绩效之间的联系,并找到一种可以测度制度创新影响企业绩效的方法。自由贸易试验区是中国制度型开放的窗口,以制度创新为核心,对标国际通行规则,形成与国际投资、贸易通行规则相衔接的基本制度体系和监管模式②,标志着制度型开放的全面展开。因此,我们以自由贸易试验区作为载体,利用准自然实验的方法评估制度创新对企业绩效的影响,从微观角度研究制度创新对经济绩效的影响。

本 章 小 结

制度是约束人们行为的一种规范,这种约束和规范界定了人们的选择集合,建立了一个人们互动的稳定结构来减少不确定性。制度的核心功能主要是给市场经济活动中的主体提供激励与约束,作为市场经济的主体需要获得相应的激励。当获利能力无法在现存的制度安排结构内实现,就会导致一种新的制度安排的形成,即制度创新。制度建立的本质就是为了减少交易成本,交易费用理论从交易成本最小化的角度为制度比较提供了评价标准。技术创新是经济增长的源泉,但是技术创新需要有效的制度作为保障,制度是影响创新发挥作用的外部环境。制度创新创造了有利于技术创新的环境,技术创新为制度创新的实现提供了保障。制度

---

① 张杰,李克,刘志彪.市场化转型与企业生产率:中国的经验研究[J].经济学,2011,10(2):571-602.
② 陈凌.中国开放的大门只会越开越大[J].中国中小企业,2019(12):12.

变迁理论阐明了当制度效率降低到一定程度时,制度变迁就会产生。经济增长制度决定论显示了制度对经济增长起决定作用,这也为我们研究制度创新对微观企业绩效的影响奠定了基础。

第三章　制度创新影响企业绩效的机理

制度是一种规范人们行为的规则,制度及其变迁对经济增长的作用是通过对人们参与经济活动积极性的影响来实现的[1]。因此,在制度创新影响企业的经济活动方面,其实质也是通过影响企业参与经济活动的积极性来实现的,即制度创新能否激发企业活力,为企业发展提供保护与便利,为企业提高绩效提供动力。

第一节　企业绩效的影响因素

影响企业绩效的因素有很多,结合研究的需要,本节主要从制度因素、交易成本因素以及技术创新因素三个方面展开分析。

一、制度因素

制度作为一种生产力,其投入不同,产出也会有很大差异[2]。和劳动、资本等要素一样,制度作为生产投入要素,直接作用于产出,影响企业绩效。制度变迁推动企业选择更为适宜的组织结构与分工结构,促使企业进行技术创新,最终提高企业全要素生产率[3]。交易成本越低,企业的生产率就越高,而交易成本则依赖于一国的制度[4]。我国的市场化进程的现实表明了制度变迁对推动中国企业全要素生产率的提升发挥了巨大作用,制度不但提升了企业内部微观生产率,而且使得企业

---

① 刘华军.现代经济增长的综合分析框架:分工—制度—品牌模型[J].财贸研究,2006(4):1-7.

② 卢现祥.论经济发展中的制度因素、制度绩效量度及制度竞争问题[J].福建论坛(经济社会版),2003(9):2-6.

③ ROBERT C, LI X, XU C. Institutions, ownership, and finance: the determinants of profit reinvestment among Chinese firms[J]. Journal of Financial Economics, 2005(7): 117-146.

④ 科斯,诺思,威廉姆森. 制度、契约与组织:从新制度经济学角度的透视[M].刘刚,冯健,杨其静,等译.北京:经济科学出版社,2003:13.

间资源配置效率得到提高①。

二、交易成本因素

企业绩效是企业投入与产出之间关系的反映。构成产品成本的是两部分:一部分是发生在生产过程中的生产成本;另一部分是发生在交易过程中的交易成本。即构成企业交换成本的是经济主体所面临的生产费用和特定交易成本的总和。诺思针对第三世界国家的研究,有力地证实了正是这些国家的要素和产品市场存在高昂的交易成本,导致这些国家的绩效未达预期,正因如此,这些高昂的交易成本成为低水平绩效和贫困等问题的根源。可见,交易成本高昂是导致经济绩效低下的主要因素。因此,从投入的角度提升企业绩效的最主要途径就是降低交易成本,交易成本与制度环境息息相关。制度的优化能够减少企业达成交易所需的信息搜寻时间及其他不必要的交易成本,从而有效提升企业绩效。降低交易成本无疑对于提升企业绩效有显著促进作用。

三、技术创新因素

技术创新是影响经济绩效的重要因素。内生增长理论认为,技术创新是经济增长的源泉,而我国工业全要素生产率增长的主要来源是技术进步,技术创新对全要素生产率有着正向的促进作用②。技术创新的主体是企业,技术创新活动在给企业带来竞争优势与技术进步的同时,直接带动了企业生产率的提高。企业的创新和研发活动从技术层面带动了企业生产率的提高。企业创新能力的增强除了可以直接提升企业生产率之外,还可以减少对劳动力、资本的依赖,降低企业的生产成本,进而提升企业全要素生产率。同时,技术创新还可以改变资源投入结构,以高技术代替资源的高投入,改善资源配置效率,达到最优要素配置水平,从而进一步提高企业的全要素生产率。科斯也提到数字革命等技术进步会导致信息成本的显著下降。从这一角度来看,技术创新直接影响企业绩效。

在以上影响企业绩效的因素中,制度创新、技术创新、交易费用等因素之间是相辅相成的。诺思的研究揭示了交易费用、制度变迁以及技术变迁与历史上经济增长的复杂关系。他认为,制度安排存在的目的不仅在于提升经济绩效,而且还在于降低交易费用,而技术创新能够使我们较容易地降低交易费用,进而提升经济绩效。

---

① 马光荣.制度、企业生产率与资源配置效率:基于中国市场化转型的研究[J].财贸经济,2014(8):104-114.

② 陈永丽,李秋坛,陈欢.产能过剩、实质性创新与企业全要素生产率:基于制造业上市公司的实证分析[J].重庆工商大学学报(社会科学版),2021,38(5):48-60.

第二节　制度创新影响企业绩效的机理分析

一、提高企业参与经济活动的积极性

经济绩效的好坏取决于参与经济活动的微观主体表现。同劳动、资本、技术等生产要素一样,制度也可以看作企业经营的投入要素,其质量的好坏直接影响企业绩效。制度质量的改善可以激发市场活力,给企业带来信心,提升企业参与经济活动的积极性。制度创新需要建立符合市场经济规则和治理能力现代化要求的政府管理制度,减少政府干预,强化市场机制的力量,激发市场活力,营造更为良好的营商环境,提升企业参与经济活动的积极性。另外,从企业间交易的角度来看,良好的制度有助于降低交易双方契约不完全程度,由此降低风险,使得企业在更完善的制度环境下进行交易。可见,制度质量的改善创造了市场主体能够平等进入和有序竞争的投资环境,促使企业积极参与经济活动,在完善的制度下安排企业经营,提升企业绩效。

二、提高企业资源配置效率

在政策性优惠制度的大环境下,企业为了获得政策优惠或补贴,需要投入大量的资源进行谈判与协调,这降低了企业资源配置效率。政府的税收或补贴使得不同的企业面临着产品和要素的价格差异,产生资源配置问题[①]。制度创新是通过制定高标准规则等为企业提供优化的制度环境,发挥市场对资源的配置作用。企业在规范的市场环境中交易,避免为获得政策优惠而进行不必要的资源投入,企业从此可以把更多的资源配置到必要的生产环节之中,推动企业资源配置效率的提高。马光荣[②]的研究表明,制度是影响企业资源配置效率的因素之一。制度改善不但能够提高企业生产率,而且促进了企业内部资源的优化配置,更能激励企业进行研发,进而提升企业绩效。

---

①　RESTUCCIA D, ROGERSON R.Policy distortions and aggregate productivity with heterogeneous plants[J]. Review of Economic Dynamics, 2008, 11(4): 707-720.

②　马光荣.制度、企业生产率与资源配置效率:基于中国市场化转型的研究[J].财贸经济,2014(8):104-114.

第三节　制度创新影响企业绩效的交易费用机制分析

制度的一项重要功能就是降低交易成本,经济制度的演变即制度创新被认为是人们为降低生产的交易成本所做的努力①,交易费用的高低是衡量制度有效性的重要指标。虽然制度与物质和劳动等其他生产要素一样,其目的是为经济产出做出贡献,然而,物质和技术上的先进可以降低生产成本,而制度上的先进则可以大大地降低交易成本②。科斯最早提出交易存在费用,在市场交易达成之前,交易双方需要就交易的相关事项进行沟通③。科斯认为,企业代替了市场就是因为它可以节省一部分交易费用。科斯对于交易费用的界定证实了企业的存在降低了交易费用。从整个社会的角度来看,有效的制度设计同样可以降低企业的交易费用。诺思指出,随着人类交易形式变得越来越复杂,制度必须随之变化,其目的就在于降低交易费用。从宏观层面来看,有效的制度安排降低了交易中的不确定性,降低了社会经济活动的交易成本;从微观层面来看,有效的制度能解决企业的激励和约束两大经济中的基本问题。

一、制度红利的溢出效应

制度设计的有效调整和质量提高可以使交易费用和生产成本显著降低,产出效率得到倍增,即"制度红利"的溢出效应。制度红利的溢出效应体现在两个方面:一方面,制度创新也是一种生产力,制度创新与其他生产要素一样,作为内生性资源纳入生产函数,直接降低交易成本,促进经济绩效;另一方面,有效的制度可以降低技术进步和技术成果转化为生产力的交易成本,从而促进生产力的发展④。正如勒帕日⑤所说:"从根本上说,经济增长的原因是社会全部运转费用的下降,不仅包括本来意义上的生产费用,还包括交易费用、情报费用、组织费用,等等。"而这种下降本身又取决于企业愿意在经济活动中更加节省有限资源的积极性。

---

①　汪丁丁.制度创新的一般理论[J].经济研究,1992(5):69-80.

②　卢现祥.寻找一种好制度[M]//制度分析文选Ⅱ.北京:北京大学出版社,2015:26.

③　周世军,岳朝龙."工业企业分离发展服务业"为何难以推进?[J].经济体制改革,2011(4):106-110.

④　卢现祥.论经济发展中的制度因素、制度绩效量度及制度竞争问题[J].福建论坛(经济社会版),2003(9):2-6.

⑤　勒帕日.美国新自由主义经济学[M].李燕生,译.北京:北京大学出版社,1985:100-101.

二、降低环境的不确定性

市场交易面临着外界的多重不确定因素,市场中的交易行为是在千变万化的经济环境中发生的,可以说不确定性是经济社会交易的一个主要特征。经济社会的不确定性体现在两个方面:一方面是由于发生偶然事件或者交易双方的信息不对称所产生的不确定性;另一方面是交易双方在交易之前能够预料,但预测成本太高,或者在契约中订立处理措施成本太高所产生的不确定性。如果交易过程中的不确定性太高,交易双方对未来可能发生的事情无法预料,就无法在订立契约时把彼此产生的责任确定下来。因此,交易双方就必须通过一种使双方达成一致的合约安排来规范二者的行为,不确定性的存在增加了经济主体的交易成本。制度设计的本质就是对外在不确定性控制的一种手段①,制度创新通过降低不确定性降低企业的交易成本。制度创新的目的就是建立一个人们相互作用的稳定的结构来减少不确定性,由此降低交易成本,这里所说的"稳定"是相对于不确定性而言的。制度创新通过构建相应制度,约束经济主体行为,降低不确定性,以此达到减少交易费用的目的。

第四节　制度创新影响企业绩效的技术创新机制分析

新制度经济理论认为,制度是影响经济主体行为的关键因素。良好的制度环境是促使企业全要素生产率提升的重要条件,它有助于企业技术创新能力的提升②。好的制度选择会促进技术创新,是引起经济增长的原因③,制度引起经济绩效的改变,经济绩效随技术的快速变化而提高,技术变化又得到大规模市场和更完善的产权制度的支持④。制度创新为技术创新提供了有利的环境,而技术创新是制度提升企业绩效的主要路径之一。企业经济绩效的提高在于企业是否从事促进企业经济绩效提高的活动,如发明等创新活动。而企业作为经济系统的微观单位,又是在制度安排下进行经济活动的,因此,企业的技术创新活动势必受到制度的影

---

① 何雷,韩兆柱.基于交易成本分析的行政审批制度改革研究[J].行政论坛,2017,24(1):58-63.

② 段梅,李志强.经济政策不确定性、融资约束与全要素生产率:来自中国上市公司的经验证据[J].当代财经,2019(6):3-12.

③ 李玉虹,马勇.互动:技术创新与制度创新关系的理论比较[J].经济学家,2001(1):73-79.

④ 科斯,阿尔钦,诺斯,等.财产权利与制度变迁[M].上海:上海三联书店,1994:.

响。企业的技术创新活动都是在特定的制度环境中进行的①,显然,要使得企业积极地从事这些有利于提高企业经济绩效的活动,必须使他们受到刺激和激励。产权保护②、市场化改革、产业政策③等政策制度均能够对全要素生产率产生影响。巨大的市场规模和完善的产权这两种导致技术变化的原因,从本质上来说都具有制度特征。因此,有效率的制度创新能够促进企业技术创新,从而提高企业绩效。制度质量是影响企业部门研发的关键决定因素④,制度质量也是保障创新驱动效应的重要前提⑤。

一、为技术创新提供内在动力

1.鼓励创新

制度创新通过对制度的设计能够给技术创新主体提供激励或约束,从而鼓励创新,进而为技术创新提供内在动力。企业在制度的制约下安排活动,企业的创新行为也同样如此。企业的持续性创新行为需要合适的制度环境的激励,好的制度如专利保护制度能够为企业创新提供激励,促进企业创新;不好的制度则限制了企业的创新行为。技术变化一旦产生,就容易被廉价复制。如果企业家型的发明者得不到足够的补偿,他们就没有动力来改进技术,因此产权制度通过将发明所创造的价值中的大部分赋予发明人,发明人创新的动机得到了加强⑥。同时,制度创新通过对不利于经济发展的经济行为施加约束,迫使经济主体采取新的技术或方法,从而促进技术创新。以我国低碳试点政策为例,政府针对低碳试点的制度安排,在加强对企业监管的同时,会对部分有创新潜力的企业进行创新补贴,从而激励企业技术创新。同时,在低碳试点政策的约束下,高污染、高能耗的企业生产成本会相应增加,这就会迫使理性的企业自发地选择创新以实现节能减排目标,从一定意义

---

① 宋跃刚,吴耀国.制度环境、OFDI与企业全要素生产率进步的空间视角分析[J].世界经济研究,2016(11):70-85,136.

② CULL R , XU L C. Institutions, ownership, and finance: the determinants of profit reinvestment among chinese firms [J]. Journal of Financial Economics, 2005, 77(1): 117-146.

③ 钱雪松,康瑾,唐英伦,等.产业政策、资本配置效率与企业全要素生产率:基于中国2009年十大产业振兴规划自然实验的经验研究[J].中国工业经济,2018(8):42-59.

④ JEŠIĆ M.,JAKŠIĆ M. The impact of institutional features on R&D in business enterprise sector and sustainable growth[J]. Journal of Central Banking Theory and Practice, 2020, 9(3): 61-76.

⑤ 陶长琪,彭永樟.从要素驱动到创新驱动:制度质量视角下的经济增长动力转换与路径选择[J].数量经济技术经济研究,2018,35(7):3-21.

⑥ 科斯,阿尔钦,诺斯,等.财产权利与制度变迁[M].上海:上海三联书店,1994.

上促进企业进行技术创新①。

2.降低风险

创新行为存在不确定性,在创新过程中存在来自创新失败所导致的风险,这种潜在风险的发生在一定程度上阻碍了创新行为的产生。制度创新对创新行为的政策规定,如政府部门的科技资金支持、科研奖励以及风险投资制度等,一方面有利于缓解创新主体面临的资金约束;另一方面能够分担创新风险,使得创新主体能够一定程度上减少创新风险,从而有利于技术创新行为的产生。从这一角度来讲,制度创新为企业降低了创新风险,为技术创新提供了动力。

二、为技术创新提供保护

制度通过影响人们参与各种经济活动的积极性来发挥作用。制度对经济增长的影响也是通过制度在实施中对经济行为的保护来实现的。正是诸如专利等制度对技术创新的保护刺激了技术的发展。如果没有专利制度的建立,历史上的技术进步就不会那么迅速。专利保护制度通过规范技术市场、营造良好的市场环境,促进了技术信息的汇集与交流,保护了发明人的利益,加速了技术创新成果的实际转化并产生经济和社会效益②。金祥荣等③的实证研究表明,法律制度与知识产权保护制度对企业全要素生产率产生显著影响,制度环境的改善可以提升企业全要素生产率。

三、为技术创新成果转化提供有力的制度保障

技术创新成果的转化和实施需要借助于有效的制度环境,制度创新为技术创新成果转化提供了有利环境。中国的创新驱动发展战略改变以往依靠传统的劳动力以及资源、能源驱动经济发展,强调经济发展要靠科技创新驱动。制度质量是保障创新驱动效应的重要前提④,要实现由要素驱动向创新驱动转换,需要有与之适配的制度创新。创新驱动战略所包含的不仅仅是技术创新,还包括行业、产品、原料、经济制度等方面的创新。从我国经济的发展历程来看,技术创新发挥了较大作用,成为引领经济发展的新动力。然而,值得注意的一点是,技术创新的最终目标

① 逯进,王晓飞.低碳试点政策对中国城市技术创新的影响:基于低碳城市试点的准自然实验研究[J].中国地质大学学报(社会科学版),2019,19(6):128-141.

② 操龙升,赵景峰.专利制度对区域技术创新绩效影响的实证研究:基于专利保护视角[J].中国软科学,2019(5):97-103.

③ 金祥荣,茹玉骢,吴宏.制度、企业生产率与中国地区间出口差异[J].管理世界,2008(11):65-77.

④ 陶长琪,彭永樟.从要素驱动到创新驱动:制度质量视角下的经济增长动力转换与路径选择[J].数量经济技术经济研究,2018,35(7):3-21.

是对创新成果的应用,进而促进经济发展。而发明和专利等技术创新成果的转化需要能够把这些战略资源整合在一起的体制和机制。技术创新成果的转化能力关键取决于制度安排和制度创新结构。制度创新为技术创新成果的转化提供保障,让技术创新成为现实,并使得技术创新主体获得合理的创新收益预期,并进一步推动技术创新。有效的制度可以降低技术进步和技术成果转化为生产力的交易成本,从而促进生产力的发展。曹琪格等[①]认为,正是私有产权的保护力度不足等原因,使得知识产权保护等制度因素没有发挥其应有的作用,进而没有推动中国企业技术创新。

第五节　制度创新影响企业绩效的作用机理

基于以上分析,制度创新使得制度环境得以改善,进而提高了企业参与经济活动的积极性,以及提高企业的资源配置效率。此外,制度创新还通过降低企业交易费用,以及为技术创新提供良好的制度环境来影响企业绩效。制度创新与企业绩效之间的作用机理可以从两个角度理解:一方面,制度创新引起交易费用的节约,制度创新在交易成本层面重构激励和约束体系,从而最终影响企业绩效;另一方面,制度创新能够协同企业技术创新提升企业绩效,即企业绩效的提升程度受到技术创新的调节作用影响。图 3-1 显示了制度创新影响企业绩效的机理模型。

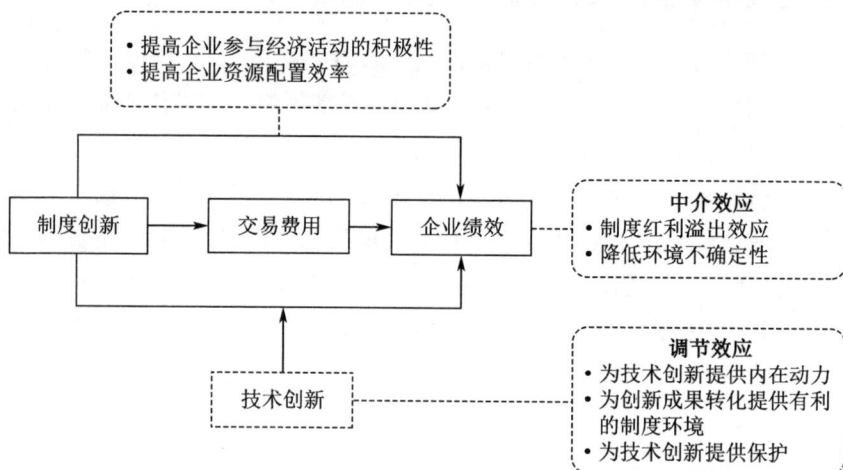

图 3-1　制度创新影响企业绩效的机理模型

---

① 曹琪格,任国良,骆雅丽.区域制度环境对企业技术创新的影响[J].财经科学,2014(1):71-80.

本 章 小 结

　　制度创新对经济增长的作用正是通过对个体企业行为的影响来实现的。具体而言,是通过影响经济个体参与各种经济活动的积极性发挥作用,同时,制度创新提高了企业的资源配置效率。本章对制度创新影响企业绩效的机理进行了分析。在分析影响企业绩效因素的基础上,进一步从交易费用和技术创新视角分析了制度创新影响企业绩效的机理。

　　制度也是一种生产力,不同制度之下的经济绩效是不一样的。制度创新提高了制度质量,提升了企业参与经济的积极性;制度环境的改善提高了企业资源配置效率,最终提高了企业绩效。交易费用作为成本因素,衡量着企业生产绩效的投入,直接决定了企业绩效的大小。制度创新提升企业绩效的主要原因在于,制度创新为企业提供了稳定、高效的制度环境,降低了交易成本,存在制度红利的溢出效应,同时制度的稳定性降低了不确定性,为企业带来稳定的经济环境;另外,制度创新在一定程度上弥补了经济主体的有限理性,避免了机会主义行为。企业经济绩效提高的主要表现形式是生产率的提高,生产率的提升取决于企业是否从事促进生产率提升的活动,如发明创新,实物资本投资、人力资本投资等。要使企业提升绩效,必须给他们提供合理的激励。而制度创新为技术创新提供了有力的制度保障,技术创新则是制度提升企业绩效的主要路径之一。制度创新给技术创新主体提供激励或约束从而鼓励创新,为技术创新提供了内在动力;制度作为一种规范人们行为的准则,为技术创新提供保护;制度创新为技术创新成果转化提供了有利环境,进而提升企业绩效。总体来说,制度创新作为要素投入,其质量改善可以直接提升企业绩效,同时可以通过降低企业交易费用、降低企业成本,进而提升企业绩效。另外,制度创新还可以协同企业创新能力的提高,共同提升企业绩效。

第四章　中国自由贸易试验区制度创新的现状

第一节　中国自由贸易试验区的发展

一、中国自由贸易试验区建设

中国于 2013 年 8 月正式批准设立中国(上海)自由贸易试验区,至 2024 年为止,中国已经设立了 22 个自由贸易试验区,形成了南北统筹、东西协调与沿海、沿边、沿江、内陆全方位多层次开放新格局。自此,中国自由贸易区成为打造中国经济"升级版"的"聚焦点"。自由贸易试验区建设也将促进包括服务业在内的市场经济大发展。

自由贸易试验区以制度创新为核心,对投资、贸易、金融、外商投资服务和管理领域的创新探索和实践,已经成为我国全面对外开放的重要窗口和外商投资及进出口贸易的前沿阵地。2018 年 11 月《国务院关于支持自由贸易试验区深化改革创新若干措施的通知》提出,要营造优良投资环境、提升贸易便利化水平、推动金融创新服务实体经济等,进一步推动了自由贸易试验区的建设进程。2023 年 12 月,国务院在《全面对接国际高标准经贸规则推进中国(上海)自由贸易试验区高水平制度型开放总体方案》中强调,要以习近平新时代中国特色社会主义思想为指导,全面贯彻落实党的二十大精神,贯彻落实总体国家安全观,坚持稳中求进工作总基调,完整、准确、全面贯彻新发展理念,构建新发展格局,推动高质量发展,更好统筹国内国际两个大局,统筹发展和安全,全面对接国际高标准经贸规则,稳步扩大规则、规制、管理、标准等制度型开放,在上海自由贸易试验区规划范围内,率先构建与高标准经贸规则相衔接的制度体系和监管模式,为全面深化改革和扩大开放探索新路径积累新经验。进一步加快服务贸易扩大开放、提升货物贸易自由化便利化水平、率先实施高标准数字贸易规则、加强知识产权保护、推进政府采购领域改革、推动相关"边境后"管理制度改革、加强风险防控体系建设。

自由贸易试验区依据其各自区位优势的不同,战略定位也各不相同。中国各自由贸易试验区概况见表4-1。

表4-1　中国各自由贸易试验区概况

成立时间	名称	分布片区	战略定位
2013年9月	中国(上海)自由贸易试验区	上海外高桥保税区	具有较强国际市场影响力和竞争力的特殊经济功能区,全面深化改革的试验田、制度型开放的先行者、深度融入经济全球化的重要载体
		上海外高桥保税物流园区	
		洋山保税港区	
		上海浦东机场综合保税区	
2015年4月		陆家嘴金融片区	
		金桥开发片区	
		张江高科技片区	
2019年7月		临港新片区	
2015年4月	中国(广东)自由贸易试验区	广州南沙新区片区	粤港澳深度合作示范区、21世纪海上丝绸之路重要枢纽和全国新一轮改革开放先行地
		深圳前海蛇口片区	
		珠海横琴新区片区	
2015年4月	中国(天津)自由贸易试验区	天津港片区	京津冀协同发展高水平对外开放平台、全国改革开放先行区和制度创新试验田、面向世界的高水平自由贸易园区
		天津机场片区	
		滨海新区中心商务片区	
2015年4月	中国(福建)自由贸易试验区	平潭片区	改革创新试验田、深化两岸经济合作的示范区、面向21世纪海上丝绸之路沿线国家和地区开放合作新高地
		厦门片区	
		福州片区	
2017年3月	中国(辽宁)自由贸易试验区	大连片区	提升东北老工业基地发展整体竞争力和对外开放水平的新引擎
		沈阳片区	
		营口片区	

表 4-1(续 1)

成立时间	名称	分布片区	战略定位
2017 年 3 月	中国(浙江)自由贸易试验区	舟山离岛片区	东部地区重要的海上开放门户示范区、国际大宗商品贸易自由化先导区和具有国际影响力的资源配置基地
		舟山岛北部片区	
		舟山岛南部片区	
2020 年 9 月		宁波片区	原始创新高端制造的重要策源地,推动国际经济交往的新高地,新时代全面展示中国特色社会主义制度优越性重要窗口的示范区
		杭州片区	
		金义片区	
2017 年 3 月	中国(河南)自由贸易试验区	郑州片区	服务于"一带一路"建设的现代综合交通枢纽、全面改革开放试验田和内陆开放型经济示范区
		开封片区	
		洛阳片区	
2017 年 3 月	中国(湖北)自由贸易试验区	武汉片区	中部有序承接产业转移示范区、战略性新兴产业和高技术产业集聚区,全面改革开放试验田和内陆对外开放新高地
		襄阳片区	
		宜昌片区	
2017 年 3 月	中国(重庆)自由贸易试验区	两江片区	"一带一路"和长江经济带互联互通重要枢纽、西部大开发战略重要支点
		西永片区	
		果园港片区	
2017 年 3 月	中国(四川)自由贸易试验区	成都天府新区片区	西部门户城市开发开放引领、内陆开放战略支撑带先导区、国际开放通道枢纽区、内陆开放型经济新高地、内陆与沿海/沿边/沿江协同开放示范区
		成都青白江铁路港片区	
		川南临港片区	
2017 年 3 月	中国(陕西)自由贸易试验区	中心片区	全面改革开放试验田、内陆型改革开放新高地、"一带一路"经济合作和人文交流重要支点
		西安国际港务区片区	
		杨凌示范区片区	

表 4-1(续 2)

成立时间	名称	分布片区	战略定位
2018 年 10 月	中国(海南)自由贸易试验区	海南岛全岛	改革开放试验区、国家生态文明试验区、国际旅游消费中心和国家重大战略服务保障区,我国面向太平洋和印度洋的重要对外开放门户
2019 年 8 月	中国(山东)自由贸易试验区	济南片区 青岛片区 烟台片区	贸易投资便利、金融服务完善、监管安全高效、辐射带动作用突出的高标准、高质量自由贸易园区
2019 年 8 月	中国(江苏)自由贸易试验区	南京片区 苏州片区 连云港片区	开放型经济发展先行区、实体经济创新发展和产业转型升级示范区
2019 年 8 月	中国(广西)自由贸易试验区	南宁片区 钦州港片区 崇左片区	西南/中南/西北出海口、面向东盟的国际陆海贸易新通道,21 世纪海上丝绸之路和丝绸之路经济带有机衔接的重要门户
2019 年 8 月	中国(河北)自由贸易试验区	雄安片区 正定片区 曹妃甸片区 大兴机场片区	国际商贸物流重要枢纽、新型工业化基地、全球创新高地和开放发展先行区
2019 年 8 月	中国(云南)自由贸易试验区	昆明片区 红河片区 德宏片区	"一带一路"和长江经济带互联、互通的重要通道,建设连接南亚、东南亚大通道的重要节点,推动形成我国面向南亚、东南亚辐射中心、开放前沿
2019 年 8 月	中国(黑龙江)自由贸易试验区	哈尔滨片区 黑河片区 绥芬河片区	与俄罗斯及东北亚区域合作的中心枢纽

表 4-1(续 3)

成立时间	名称	分布片区	战略定位
2020 年 9 月	中国(北京)自由贸易试验区	科技创新片区	具有全球影响力的科技创新中心,服务业扩大开放先行区、数字经济试验区,京津冀协同发展的高水平对外开放平台
		国际商务服务片区	
		高端产业片区	
2020 年 9 月	中国(湖南)自由贸易试验区	长沙片区	世界级先进制造业集群、联通长江经济带和粤港澳大湾区的国际投资贸易走廊、中非经贸深度合作先行区和内陆开放新高地
		岳阳片区	
		郴州片区	
2020 年 9 月	中国(安徽)自由贸易试验区	合肥片区	科技创新策源地、先进制造业和战略性新兴产业集聚,形成内陆开放新高地
		芜湖片区	
		蚌埠片区	
2023 年 11 月	中国(新疆)自由贸易试验区	乌鲁木齐片区	促进中西部地区高质量发展的示范样板,构建新疆融入国内国际双循环的重要枢纽,服务"一带一路"核心区建设,助力创建亚欧黄金通道和我国向西开放的桥头堡,为共建中国—中亚命运共同体做出积极贡献
		喀什片区	
		霍尔果斯片区	

二、自由贸易试验区制度创新

中国自由贸易试验区的核心任务就是制度创新。一直以来,各个自由贸易试验区结合自身的区位优势,以制度创新为核心,围绕服务国家战略和区域高质量跨越式发展,打造高水平制度创新先行区,形成大量可复制、可推广的制度创新成果。

以上海自由贸易试验区为例,作为制度创新的"苗圃",上海自由贸易试验区聚焦投资便利、贸易便利、金融开放创新和事中事后监管等领域,十余年来形成了一批基础性制度和核心制度创新,与国际投资、贸易通行规则相衔接的基本制度体系和监管模式基本建立。对标国际经贸通行规则,上海自由贸易试验区成立后,推出了外商投资负面清单。清单外的外商投资准入从审核制改为备案制。截至2023年10月,自由贸易试验区外商投资准入特别管理措施从最初的190项缩减至27项,制造业条目已经归零。

中山大学自贸区综合研究院发布了"2022—2023年度中国自由贸易试验区制度创新指数",如表4-2所示。制度创新指数包括"贸易便利化""投资自由化""金融改革创新""政府职能转变""法治化环境"5个一级指标,以及19个二级指标和57个三级指标,评估对象是全国54个自由贸易试验(片)区。2022—2023年度,全国54个自由贸易试验(片)区制度创新指数总体得分平均值为78.03分,相较上一年度(76.70分)有明显提升。从排名来看,广东前海、上海(浦东)、广东南沙位列前三名,上海(临港)、天津、北京、福建厦门、四川成都、湖北武汉、重庆进入前十名。

表4-2　2022—2023年度中国自由贸易试验区制度创新指数得分

排名	片区	得分	排名	片区	得分
1	广东前海	90.87	28	云南昆明	77.00
2	上海(浦东)	90.43	29	辽宁沈阳	76.28
3	广东南沙	90.42	30	安徽合肥	76.01
4	上海(临港)	87.09	31	山东烟台	75.99
5	天津	85.17	32	湖北宜昌	75.91
6	北京	84.61	33	四川泸州	75.41
7	福建厦门	84.42	34	河北雄安	75.10
8	四川成都	84.23	35	广西钦州港	75.08
9	湖北武汉	83.15	36	江苏连云港	74.90
10	重庆	83.09	37	河南开封	74.63
11	广东横琴	83.01	38	辽宁营口	74.61
12	辽宁大连	82.57	39	河南洛阳	74.53
13	福建福州	81.81	40	浙江金义	74.36
14	江苏苏州	81.24	41	黑龙江哈尔滨	74.16
15	海南	80.79	42	陕西杨凌	73.73
16	浙江舟山	80.67	43	黑龙江黑河	73.33

表 4-2(续)

排名	片区	得分	排名	片区	得分
17	陕西西安	80.55	44	河北大兴机场	73.10
18	浙江杭州	80.44	45	河北曹妃甸	72.98
19	江苏南京	80.05	46	黑龙江绥芬河	72.37
20	山东青岛	79.43	47	湖南郴州	72.32
21	河南郑州	79.34	48	河北正定	72.15
22	福建平潭	78.84	49	云南红河	72.04
23	浙江宁波	78.56	50	广西崇左	71.90
24	广西南宁	78.28	51	安徽芜湖	71.50
25	湖北襄阳	77.44	52	云南德宏	71.43
26	山东济南	77.38	53	湖南岳阳	71.05
27	湖南长沙	77.30	54	安徽蚌埠	70.49

　　自由贸易试验区实行的一系列制度创新等特殊监管政策在为各类生产要素集聚、合作提供了低交易成本、高生产率、利于创新发展的制度环境的同时,不可避免地影响地区企业生产过程中的资源再分配和技术创新等活动,为提升企业绩效提供了有利条件。自由贸易试验区一系列制度创新为中国拓展了经济增长的新空间,也为企业提供了竞争新优势。

第二节　中国自由贸易试验区制度创新的现实条件

　　制度是有效率的,且存在递减现象,这意味着当制度效率降低到一定程度时,制度创新是必要的①。制度创新通过改变现有制度安排,能够获得在原有制度下得不到的利益。制度选择及制度变迁可以用"需求-供给"这一经典的理论构架进

---

① 徐苏涛.关于非公有制经济发展与经济转型关系的假说与验证[J].科技创新与生产力,2011(03):12-17.

行分析[①]。舒尔茨最早把制度变迁纳入供求分析框架,他分析了制度所执行功能的经济价值以及经济均衡。制度是某些服务的供给者,可以提供便利、信息、共担风险以及提供公共产品(服务)。对此类服务产生的需求就可以在经济理论的供求范围内讨论每一种服务的经济价值的因素,当这些制度所提供的服务与其他服务所显示的报酬率相等时,制度就达到均衡。

一、制度创新的需求因素

制度创新可以被理解为一种新的、效益更高的制度对另一种旧的、效益低的制度的替代过程。因此,人们对制度创新的需求就是对效益更高的新制度的需求[②]。从自由贸易试验区产生的制度需求因素来看,主要和当前所处的国际经济环境以及新时期经济背景下国内经济动因等因素有关。

1.参与全球价值链与贸易强国建设产生制度创新需求

随着全球产业分工的不断细化,全球价值链主导了世界分工模式,甚至改变了世界经贸格局[③]。中国以低成本的劳动力市场为特征参与全球贸易,由此决定了依靠以代工为主的低附加值制造而处于全球价值链的中低端位置,获取的是贸易中的较少收益。推动我国产业向全球价值链高端跃升是我国增强国际竞争力的重要方向。而全球价值链演化根植于母国的经济、社会和体制之中[④],这对一个国家的制度提出了更高的要求。要想改变中国参与全球价值链的中低端地位的状况,转向全球价值链高端攀升,就需要产生与之相匹配的制度。另外,随着中国经济的高质量发展,中国在科技及其他方面都取得了世界领先的地位,对外发展战略也由贸易大国向贸易强国定位转变。贸易强国建设需要降低政策环境的不确定性,营造良好的营商环境,因此产生与之匹配的制度需求。对外贸易带来的外部制度需求会通过促使制度改进来促进经济增长。同时,制度也是比较优势的一个来源[⑤],具备更好制度的国家才会创造更强的竞争能力。

2.构建开放型经济新体制的客观需要

构建开放型经济是新时期深化改革开放的目标。原有的制度已经不能适应开放型经济发展的需要,成为经济发展中的瓶颈因素,制度创新迫在眉睫。开放型经

---

① 冯之东.制度供求均衡:行政调解制度研究的新路径[J].山东科技大学学报(社会科学版),2010,12(6):36-43.

② 袁庆明.新制度经济学[M].北京:中国发展出版社,2005:368-369.

③ ANTRAS P, CHOR D.Organizing the global value chain[J]. Econometrica,2013, 81(6): 2127-2204.

④ 陈秀英.全球治理参与能力对国家价值链分工地位的影响:兼议突破全球价值链治理困境的政策逻辑[J].云南财经大学学报,2020,36(8):18-25.

⑤ 孙楚仁,王松,陈瑾.贸易开放、城市制度改进与经济增长[J].科研管理,2019,40(8):43-52.

济需要对原有的制度安排进行创新,建立与国际投资和贸易通行规则相衔接的制度体系,由此需要制度创新。自由贸易试验区是现阶段我国深化对外开放、对接国际最高标准的自由贸易区。开放型经济新体制要求建立同国际投资和贸易通行规则相衔接的制度体系。要形成便利化的营商环境和高效的市场环境势必需要健全、创新各类制度体系。在提升投资贸易自由度、规则开放透明度、监管公平效率以及营商环境便利程度等方面的制度创新能够进一步健全制度体系,为建立开放型经济提供有效的制度环境。

3.转换政府助推经济发展的动力需要借助于制度创新

中国改革开放由浅入深、逐步深化,是一种摸索、试验和积累合理制度的过程,是一个渐进性制度创新的过程①。在中国前40年的改革开放进程中,通过对经济特区提供优惠政策等措施推动了部分地区经济的快速发展。然而,随着优惠政策的持续实施,地方经济发展对优惠政策的依赖程度增加,而驱动经济发展的内在动力逐渐减弱。政府的税收或补贴使不同的企业面临产品和要素的价格差异,从而会带来资源误置问题,并造成巨大的社会产出损失②。依赖优惠政策所带来的经济发展动力不能持续下去,经济发展需要消除偏袒型体制障碍,发挥市场的资源配置作用,这就需要从制度上进行创新。利用创新的制度安排发挥市场的资源配置作用,激发市场活力,带动经济持续发展。不同于以往的经济特区,自由贸易试验区作为深化改革开放的试验田,不再依靠政府优惠政策,而是致力于建立同国际投资和贸易通行规则相衔接的制度体系,从制度上进行改革。对优惠政策的需求已经不能推动经济发展,对制度创新的需求是接下来政府助推经济发展的有力工具。

4.体现"制度自信"的内在诉求

中国自由贸易试验区建设,最重要的是系统推进制度创新,建立具有中国特色的制度体系。2020年,习近平总书记对海南自由贸易港建设做出重要指示,提出高质量高标准建设自由贸易港,就要"坚持党的领导,坚持中国特色社会主义制度,对接国际高水平经贸规则",利用政策创新供给来促进生产要素最大限度地自由便利流动,在此过程中,则"要把制度集成创新摆在突出位置",鲜明指出了政策创新和制度体系在建设自由贸易港过程中的重要性和必要性。截至2023年10月,党中央、国务院共出台了28份自贸试验区建设方案及一批含金量较高的政策文件,累计部署3 400多项改革试点任务,形成了较为完善的自由贸易试验区政策制度

---

① 林毅夫,蔡昉,李周.论中国经济改革的渐进式道路[J].经济研究,1993(9):3-11.

② RESTUCCIA D, ROGERSON R.Policy distortions and aggregate productivity with heterogeneous plants[J]. Review of Economic Dynamics, 2008, 11(4):707-720.

框架体系。对自由贸易试验区探索形成的先进经验,国家层面总结提炼了七批改革试点经验、四批最佳实践案例,共向全国复制推广 302 项制度创新成果,形成了改革红利共享、开放成果普惠的良好局面。

制度体系的改革创新能力与制度自信密切相关体现着制度体系的生命力。制度创新是建设中国自由贸易试验区的核心,也是其建设过程中的最大诉求。建立中国特色自由贸易港政策和制度体系,是开放型经济体制的重要组成部分,是中国特色社会主义经济制度体系对外开放方面的内生性演化,是树立制度自信的重要路径。

二、制度创新的供给因素

我国改革开放 40 余年的制度变迁历程大致可以分为两个阶段。前期是制度自发演化阶段,具有诱致性制度变迁特征。在生产力发展、技术进步的背景下,以及社会经济发展发生了巨大跨越的前提下,制度的自发演进难以满足经济社会对有效制度的需求。制度设计能够弥补制度自发演进的不足,制度设计加速了制度的自发演进过程。1994 年以后我国政府在改革中的作用加强,政府通过顶层设计完成由其主导的自上而下的强制性制度变迁来完善国家治理能力的现代化[1]。林毅夫指出在社会所有制度安排中,政府是最重要的一个。自由贸易试验区的制度创新同样具有顶层设计特征,制度创新的供给主体是政府。从自由贸易试验区制度创新形成的途径来看,自由贸易试验区的制度创新显然同样具有自发演进特征。同时,自由贸易试验区制度创新作为正式制度也是政府有意识、有目的地进行设计的结果。因此,自由贸易试验区的制度创新可以看作对已有制度的边际优化。自由贸易试验区的政策试验之所以能够不断深入,主要在于其有效的推进机制。顶层推动是自由贸易试验区制度创新的关键动力源[2]。不同于以往由政府主导的制度变迁,作为先行先试的主体,各地区自由贸易试验区具有制度创新自主权。党的十九大提出,"赋予自由贸易试验区更大改革自主权"。在由中央政府把握自由贸易试验区总体方案的基础上,制度创新权利下放到各地区自由贸易试验区的相关部门,由各自由贸易试验区的相关管理部门结合区位优势及业务内容创新相应的制度安排,对经过现实的有效性检验后的制度创新成果自下而上进行复制推广。

从目前中国制度型开放的进程来看,制度创新已经取得了显著成效,对制度创

① 卢现祥,朱迪.中国制度变迁 40 年:回顾与展望——基于新制度经济学视角[J].人文杂志,2018(10):13-20.
② 卢迪.上海自由贸易试验区制度创新的演进过程与推进机制[J].当代经济研究,2018(02):81-87.

新成果的复制和推广进程也在有序进行。综合制度创新的需求和供给因素来看,显然现有制度创新供给仍然存在很大空间。制度创新仍然存在供不应求的现象,制度型开放形势下需要全方位、多领域的制度创新。

第三节　中国自由贸易试验区的制度创新结构

制度结构是由不同制度安排构成的系统①,是某一特定对象中正式的和非正式的制度安排的总和。自由贸易试验区的制度创新并不是某一项制度安排的变更,它涵盖了投资、贸易、金融、监管、人力资源等影响企业发展的各个方面,这些服务于共同目标的不同领域的制度创新组成了自由贸易试验区的制度创新安排。自由贸易试验区制度创新安排之间相辅相成,各项制度安排相互支撑,组成一个协同的制度创新结构,共同服务于经济主体。

一、行政管理制度创新

创新政府管理方式成为自由贸易试验区首要任务,自由贸易试验区形成了以转变政府职能为核心的行政管理制度创新。从监管理念、监管重点、监管手段等多方面不断创新监管服务模式,目标是建立符合市场经济规则和治理能力现代化要求的政府管理制度。

简化政府职能、简化审批手续是自由贸易试验区监管制度创新的一大特点,政府管理由关注事前审批转为关注事中、事后监管。由政府核准制和审批制改为备案制和"负面清单"的管理模式。改变了过去以政府主导经济转型发展的模式,重新界定了政府与市场的关系。通过建立宽进严管的市场准入和监管制度,强化市场机制的力量,激发市场活力与资源配置的效率②。总体来说,政府管理模式创新体现以下特点。

1.简政放权

国务院关于各地区自由贸易试验区总体方案中提出要把各地区能够下放的经济社会管理权限,全部下放给自由贸易试验区,最大限度减少行政审批事项。自由贸易试验区通过简化行政审批程序,提高行政效率,为企业最大程度降低交易

---

① 袁庆明.新制度经济学教程[M].2版.北京:中国发展出版社,2014:434.
② 殷华,高维和.自由贸易试验区产生了"制度红利"效应吗?——来自上海自由贸易试验区的证据[J].财经研究,2017,43(02):48-59.

成本。

2.提高行政透明度

自由贸易试验区公开管理权限和流程,对行政权限严格界定。建立行业信息跟踪、监管和归集的综合性评估机制,提高行政透明度,建立投资者参与、符合国际规则的信息公开机制①。

3.完善投资者权益有效保障机制

自由贸易试验区通过建立高效的知识产权综合管理体制,进一步优化营商环境。

4.提高服务效率

自由贸易试验区利用现代信息技术完善信息网络平台,优化信息互联共享的政府服务体系,实现不同部门的协同管理机制,有效减少企业办证时间,提高政府服务效率。另外,自由贸易试验区的"证照分离"改革制度,大大缩减了开办企业和获得项目实施许可证的时间,有效地降低了企业的时间交易成本,提高服务效率。

自由贸易试验区的行政管理制度创新减少政府干预行为,在某种程度上降低了行政垄断对资源的扭曲,有利于市场将有限的技术创新资源配置到那些更适合市场需求的新产品当中,提升企业全要素生产率②。孙婷等③实证考察了政府干预对企业技术创新的影响,发现政府干预对企业技术创新具有显著的负效应。自由贸易试验区通过减少政府干预,简化政府职能,为企业提供了高效的营商环境。

二、投资管理制度创新

自由贸易试验区的投资管理制度创新目标是创造市场主体能够平等进入和有序竞争的投资环境。自由贸易试验区投资管理制度创新的最大举措是建立以负面清单管理为核心的外商投资管理制度,从根本上说自由贸易试验区的制度创新是从"权利限制准入秩序"向"权利开放准入秩序"转变。自由贸易试验区的投资管理制度创新体现以下几个特点。

---

① 江若尘,陆煊.中国(上海)自由贸易试验区的制度创新及其评估:基于全球比较的视角[J].外国经济与管理,2014,36(10):71-81.

② 宋跃刚,吴耀国.制度环境、OFDI与企业全要素生产率进步的空间视角分析[J].世界经济研究,2016(11):70-85,136.

③ 孙婷,温军,秦建群.金融中介发展、政府干预与企业技术创新:来自中国转轨经济的经验证据[J].科技进步与对策,2011(20).

1.提高投资开放度

此前,我国对外资管理采用的是"正面清单"的模式,在《外商投资产业指导目录》中,明确规定了鼓励类、限制类和禁止类的外商投资项目。而"负面清单"的管理模式采取"法无禁止皆可为",即"非禁即入"的原则,减少和取消对外商投资准入限制,放宽外资准入。市场准入负面清单分为禁止和许可两类事项。对禁止准入事项,市场主体不得进入,行政机关不予审批、核准,不得办理有关手续;对许可准入事项,包括有关资格的要求和程序、技术标准和许可要求等,或由市场主体提出申请,行政机关依法依规做出是否予以准入的决定,或由市场主体依照政府规定的准入条件和准入方式合规进入;对市场准入负面清单以外的行业、领域、业务等,各类市场主体皆可依法平等进入。《清单(2022年版)》列有禁止准入事项6项,许可准入事项111项,共计117项,相比《市场准入负面清单(2020年版)》减少6项。总体来看,负面清单管理模式减少了外资准入限制,提高了投资开放度。

2.减少政府干预

自由贸易试验区的投资管理制度创新划分了政府与市场的边界,明确了政府的责任和管理范围,减少了由于政府权责不清晰而产生的过度干预,减少项目前置审批,推进网上并联审批。这一系列举措不但减少了审批环节,直接节约了企业的时间成本,提高了企业效率,而且可以更好地发挥市场在调控资源配置方面的决定性作用。

3.完善投资促进和保护机制

自由贸易试验区通过建立外商投资服务体系,完善外商投资促进、项目跟踪服务机制,构建对外投资合作服务平台。推行电子营业执照,全程电子化登记。提升投资便利化水平。外资企业设立"一表申报"制度。外资企业需要填写的信息缩减了70%,办证时间由原来的15个工作日缩短到3个工作日以内,缩短了80%。自由贸易试验区的投资管理制度创新发挥了完善投资促进和保护机制的作用,并取得了显著效果。《中国自由贸易试验区发展报告(2023)》显示,2022年度各自由贸易试验区形成制度创新成果537项,涵盖投资、贸易、金融、全过程监管等领域,投资领域占107项,贸易领域131项。其中有120项制度创新成果在各领域推动了新进展。

三、贸易便利化制度创新

自由贸易试验区的贸易监管制度重点在于提升贸易便利化水平,总体来说,体现以下几个特点。

1.实现数据协同

自由贸易试验区推动数据协同、简化和标准化,实现物流和监管等信息的全流程采集,实现监管单位的信息互换、监管互认、执法互助,为企业提供全程数据服务。

2.电子化贸易通关

实施国际贸易"单一窗口",全程实施一体化通关。不同于以往企业需要分别到各主管部门上门办理业务,"单一窗口"使得企业领取办理通知或审批文件集中在一个窗口即可完成,企业货物申报时间从4个小时减至5~10分钟,船舶进出境申报时间由36个小时缩短到2.5个小时以内。大大缩短了企业的时间和成本。

3.高效监管机制

自由贸易试验区内的海关特殊监管区域实施"一线放开""二线安全高效管住"的通关监管服务模式。在确保有效监管前提下,在海关特殊监管区域探索建立货物状态分类监管模式。

4.优化贸易结构

赋予自由贸易试验区内符合条件的企业开展相关贸易活动。2022年,全国21家自由贸易试验区实现进出口总额7.5万亿元,同比增长14.5%,占全国的17.8%;实际使用外资超过2 200亿元,占全国的18.1%。

四、金融制度创新

随着我国自由贸易试验区不断深入发展,金融制度创新呈现出了金融制度创新指数和速度不断提升、金融制度创新范围不断拓展、金融制度创新方式不断增加的阶段性新发展格局。自由贸易试验区建立以资本项目可兑换和金融服务业扩大对外开放为目标的金融创新制度。金融制度创新具体体现在以下几个方面。

1.金融开放

建立与国际接轨的金融市场体系,拓展跨境电子商务金融服务、跨境投融资创新;支持自由贸易试验区内银行按规定发放境外人民币贷款。自由贸易试验区的境外人民币业务为企业拓宽了融资渠道,降低了融资成本。

2.拓展金融服务功能

建立与自由贸易试验区相适应的本外币账户管理体系,促进跨境贸易、投融资结算便利化。扩大个人跨境人民币业务范围,提高了资金净流入额度。

3.提升防控风险水平

提升金融监管能力,防范金融风险。建立与自由贸易试验区相适应的新型风险监管体系;保理公司接入央行企业征信系统,分布式共享模式实现"银政互通"。

金融制度创新为企业提供融资便利,缓解企业融资约束。

4.提高融资便利化水平

创新融资服务平台,提供融资便利。以福建自由贸易试验区为例,区内银行创新推出"供应链 e 融资金融服务平台",2020 年《供应链金融综合服务方案》累计为区内供应链企业授信近 10 亿元;建立"区块链+单一窗口融资系统",提高信贷审批效率①。

五、人才制度创新

自由贸易试验区在人才制度创新领域致力于以下几个方面。

1.优化人才发展环境

为进入自由贸易试验区开展商务、旅游等活动的外国人提供入出境便利。开展外国高端人才服务"一卡通"试点。

2.健全人才激励机制

实行以增加知识价值为导向的激励机制,探索高校、科研院所负责人年薪制和急需紧缺等特殊人才协议工资、项目工资等多种分配办法。

3.自由便利的人员管理

放宽现代服务业高端人才从业限制,在人员出入境、外籍人才永久居留等方面实施更加开放便利的政策措施。

4.加强创新能力建设

优化创新要素市场配置机制,支持建设海外创新孵化中心、海外人才离岸创新创业基地等创新平台。

自由贸易试验区的制度创新结构由多领域制度创新安排构成,这些制度创新相辅相成,构成了一个完善的制度创新系统。不同领域制度创新之间不是简单的加总构成总体制度创新结构,他们之间是相互关联的。制度创新结构中的任何一项制度创新都内在地联系着其他的制度创新,共同"镶嵌在"制度创新结构中。制度创新实现其功能的程度即制度创新效率也不是独立于其他制度创新安排的运作结果,而是取决于各项制度创新安排之间的耦合作用。在各项制度创新安排协同作用下,制度创新结构的政策集成效应已经显现。

---

① 数据来源于中国(福建)自由贸易试验区网站[EB/OL]. http://www.china-fjftz.gov.cn/article/index/aid/ 16469. html.

第三节　中国自由贸易试验区制度创新的功能

自由贸易试验区的制度创新构建了优良的营商环境,有利于高素质人才以及要素资源在不同企业间的流动和转移,提高资源的配置效率,提升企业绩效。具体而言,自由贸易试验区的制度创新发挥了以下功能。

一、优化制度环境

自由贸易试验区营造良好的制度环境为企业提供了更为稳定可靠的发展空间。自由贸易试验区制度创新部门联合办公信息系统把多部门协同合作纳入范围,实现信息集成、数据共享、实时传递,降低环境的不确定性,使得企业能够全面、实时感知市场信息。自由贸易试验区的政府监管制度创新,以国家企业信息公示系统为依托,以大数据为依据,实现差异化监管。依托大数据,风险监测分析能力提高。通过监管过程中的信息公开机制,为企业提供有效信息,降低不确定性。进而为企业降低交易过程中的交易费用,提供了一个稳定的发展环境。金融领域通过推进人民币区域化和国际化进程,实现贸易和投资的便利化,拓展离岸金融业务,降低人民币和外币兑换给企业带来的不确定性。

由于价格信息的不充分以及交易过程的烦琐使得企业在交易过程中交易成本增加。自由贸易试验区审批制度改革,最大限度取消行政审批事项。建立行政审批目录制度,实行"一口受理"服务模式。实施自由贸易试验区外商投资负面清单制度,减少和取消对外商投资准入限制。贸易便利化水平的提升有利于降低企业出口的时间和其他交易成本,从而提高企业效率,提升企业绩效。同时,贸易便利化使得企业进口中间产品和服务的时间更短、成本更低。企业将进口更多高质量中间产品和服务,进一步提升产品质量[1],从而扩大销售,提升企业绩效。这些制度都在一定程度上为企业提供了有效信息,节约交易流程及时间,降低了企业的交易费用。

我国自由贸易试验区的一系列贸易便利化制度创新在提升企业效率方面取得了显著成效。简化企业登记程序,提升注册便利化水平。压缩通关时间,提升口岸营商环境。四川国际贸易"单一窗口"是为全省外贸企业提供公益性的通关便利化服务平台,也是四川自由贸易试验区建设的重要支撑,该平台目前已经实现与

---

① 谢谦.贸易便利化、经贸发展与我国的改革实践[EB/OL].经济学动态,2018(1): 27-39.

30 个部门系统的联通和信息共享,实现了"一点接人、一次提交、一次查验、一键跟踪、一键办理"。数据显示,该"单一窗口"自 2017 年 9 月上线以来,全省通过该平台已累计申报出口退税金额高达 53.55 亿元,2022 年全省进出口整体通关时间较 2017 年分别压缩了 59.66% 和 82.83%。作为出口退(免)税备案单证存储、管理的公共服务平台,该平台可实现出口退税备案单证电子化管理、云端化存储的"单一窗口"特色功能,有效减轻企业成本,提高外贸企业工作效率。

二、为企业提供制度激励

自由贸易试验区从整体上来说,无论是政府职能转变,还是贸易便利化以及对人才、金融制度的创新,都从根本上对区内企业提供了激励;负面清单管理制度也进一步放宽了外资企业准入限制,明确约束边界。同时,自由贸易试验区的知识产权创造、运用、管理服务全链条保护体系以及创新驱动战略、企业信用约束机制等都从不同角度为企业提供了激励与约束。

自由贸易试验区提供的有效信息能够缓解交易双方的信息不对称,从而降低交易费用。自由贸易试验区制度创新通过简化政府职能减少政府对市场的干预程度,权力下放到地方部门。减少管控是自由贸易试验区制度创新的一大特色。政府信息透明化、公开化,避免相关人员的相互串通与勾结等机会主义行为。网上办公等信息化系统的使用加大了对政务过程的监督作用,为企业提供有效信息。

第四节　自由贸易试验区经济效应研究
阶段性成果评述

中国从保税区到自由贸易试验区渐进式扩大贸易开放路径的本质是一条制度变迁路径[①],自由贸易试验区是促进和稳定国家科技创新水平提升的"先驱者"[②]。自由贸易试验区自设立以来,得到了学者们的广泛关注,现有研究主要集中在地区经济增长效应、外资引致效应以及产业结构升级等宏观层面的经济效应等方面。

---

① 赖庆晟.我国从保税区到自由贸易试验区的渐进式扩大贸易开放路径研究[D].上海:华东师范大学,2016.

② 谢贤君,任晓刚.新时代我国自由贸易试验区金融制度创新研究:发展格局、问题审视与战略性调整[J].当代经济管理,2020,42(11):72-80.

一、宏观效应

1.经济增长效应

现有研究表明上海自由贸易试验区的设立显著提升了上海市工业增加值和进出口总额,促进了地区经济增长[①]。而冯帆[②]则认为上海、浙江自由贸易试验区不仅对区内经济增长促进作用显著,还对周边地区的经济增长产生了不同程度的辐射作用。陈林[③]探讨了中国自由贸易试验区建设的政策红利,认为自由贸易试验区不仅提高了所在地的经济发展水平,而且对进口产生了显著影响,但对外资利用水平并未产生明显作用。武剑[④]从多指标视角对自由贸易试验区政策的经济效应及有效性进行评估,认为当前自由贸易试验区的政策红利效应并未得以充分释放,各地自由贸易试验区政策亟待进一步优化设计。针对上海自由贸易试验区的经济效应的研究中,普遍认为自由贸易试验区对上海地区的经济、固定资产投资及进出口额均产生了正效应,其中对实际人均 GDP 的影响较大。赵亮[⑤]通过 GTAP 模拟研究,认为自由贸易试验区可通过对外贸易增长、经济总量扩大和社会福利提高三方面驱动我国经济增长,相对于传统驱动力,其具有显著的定位外向性和作用复合性特征。张怡[⑥]验证上海自由贸易试验区的设立为上海市工业增加值增长率带来了显著的正向促进作用。叶修群[⑦]发现设立自由贸易试验区显著提高了地区 GDP 增长率,自由贸易试验区的经济增长促进效应存在明显滞后。黄启才[⑧]在以合成控制法对福建自由贸易试验区进行政策效应评估后发现,自由贸易试验区使福建实际 GDP 平均每季度多增加 574.79 亿元,季均经济溢出效应达到 9.84%,他认为政策效应主要通过投资渠道实现。可见,自由贸易试验区的设立对宏观经济起到了积极作用,自由贸易试验区以制度创新为核心,为地区经济带来了积极影响。

---

① 谭娜,周先波,林建浩.上海自由贸易试验区的经济增长效应研究:基于面板数据下的反事实分析方法[J].国际贸易问题,2015(10):14-24,86.

② 冯帆,许亚云,韩剑.自由贸易试验区对长三角经济增长外溢影响的实证研究[J].世界经济与政治论坛,2019(5):118-138.

③ 陈林,肖倩冰,邹经韬.中国自由贸易试验区建设的政策红利[J].经济学家,2019(12):46-57.

④ 武剑,谢伟.中国自由贸易试验区政策的经济效应评估:基于 HCW 法对上海、广东、福建和天津自由贸易试验区的比较分析[J].经济学家,2019(8):75-89.

⑤ 赵亮.我国自由贸易试验区驱动经济增长的实证模拟:基于对经济增长"创新驱动"的思考[J].上海财经大学学报,2017,19(4):28-40.

⑥ 张怡.中国自由贸易试验区制度创新研究[D].长春:吉林大学,2018.

⑦ 叶修群.自由贸易试验区与经济增长:基于准自然实验的实证研究[J].经济评论,2018(4):18-30.

⑧ 黄启才.自由贸易试验区政策溢出效应的个案研究[J].经济纵横,2017(5):92-98.

2.贸易效应

自由贸易试验区的制度创新提升了贸易便利化水平。根据相关理论,贸易便利化有利于降低进出口企业的通关时间和成本,进出口企业贸易成本的下降,一方面会增加企业的出口利润,另一方面则会促使企业能够进口更多高质量的中间产品和服务,这在促进企业出口数量增长的同时,也会带来企业出口质量的改善[①]。王丽丽[②]研究表明上海自由贸易试验区设立以来的贸易促进效应明显,增加了区内进出口企业数目,改善了贸易和技术结构。自由贸易试验区的对外贸易现实也证实了这一点。2023年,我国自由贸易试验区合计进出口7.67万亿元,同比增长2.7%,占进出口总值的18.4%;海南自由贸易港建设深入推进,年度进出口连续三年保持两位数增长。初步统计,2023年我国跨境电商进出口2.38万亿元,同比增长15.6%。

3.外资引致效应

自由贸易试验区对外商投资进行事中事后监管,放宽市场准入前的行政审批要求,"非限即入"的监管方式有利于创设更加开放、公平、便利的对外投资环境[③]。投资管理制度降低了外资准入门槛,自由贸易试验区以制度创新加强对外贸易便利化,以较高的对外开放水平吸引大量企业和有效投资。外商投资带来了较高的技术水平和管理经验,这些先进的技术和经验为企业提升绩效提供了条件。针对自由贸易试验区的外资引致效应的研究显示,自由贸易试验区的设立对地区吸引外资具有正向促进作用,且政策效应随自由贸易试验区的平稳运营逐步上升。相比传统的土地税收优惠等举措,东道国的外资服务水平和企业营商环境对外资更具有吸引力[④]。屈韬等[⑤]分析了自由贸易试验区引致的服务要素集聚效应、消费拉动效应、贸易驱动效应和市场规模扩张效应及其对外资引致效应的影响,认为"金融脱离实体""资本流出大于流入"的现状显著抑制了自由贸易试验区对外部资本的引致效应,自由贸易试验区更多表现为国内资本的制度规避地。Wang[⑥]对上海自由贸易试验区研究发现其在跨境投融资方面进行的一系列改革,包括实施跨境

① MELITZ M J.The impact of trade on intra-industry reallocations and aggregate industry productivity[J]. Econometrica, 2003, 71(6): 1695-1725.

② 王丽丽.中国(上海)自由贸易试验区的贸易效应[J].新视野,2019(06):72-79+85.

③ 李猛.新时代中国特色自由贸易港建设中的政策创新[J].经济学家,2018(6):38-47.

④ 黄启才.自由贸易试验区设立促进外商直接投资增加了吗?——基于合成控制法的研究[J].宏观经济研究,2018(4):85-96.

⑤ 屈韬,罗曼,屈焰.中国自由贸易试验区的外资引致效应及其影响路径研究[J].国际经贸探索,2018, 34(9):17-30.

⑥ WANG J. Cross-border investment and financing reforms in shanghai pilot free trade zone. Journal of Financial Risk Management, 2016(5): 94-100.

投融资备案制度、建立分账管理制度、推进人民币跨境使用、提高资本项目可兑换程度等措施极大地改善了跨境资本流动的法律环境,切实尊重了企业的自主权。同时上海自由贸易试验区的设立对促进上海地区的资本流动发挥了积极作用,尤其是在促进对外投资方面。

(四)扩大开放程度

自由贸易试验区的设立作为进一步扩大改革开放的重要举措,加快了与国际接轨的速度。冯凯和李荣林[1]基于五版负面清单采用频数法测量上海自由贸易试验区服务业开放度,发现上海自由贸易试验区服务业对外开放度逐年增加。匡海波[2]从经济支撑、对外开放、对内发展、交通运输、科研教育和基础支撑6个维度构建了包含25个指标的自由贸易试验区开放水平评价指标体系,运用PCA-TOPSIS模型测算各贸易区对外开放得分,研究表明广东的对外开放水平最高,上海第二,天津和福建分别位居第三、第四位。

(五)产业结构升级

自由贸易试验区构建的开放型经济环境所产生的集聚效应带来了制度红利,成为引导要素向地区流动的可持续发展力量,形成较强的"涓流效应"。"简政放权"改变以往政府干预企业管理的传统思维模式,致力于建设外向型自由经济新体系,稳定的外部环境促使贸易成本下降[3],由此进一步吸引产业集聚。"营造优良投资环境"以及"推进人力资源先行先试"等制度,在创造了大量投资机会和就业机会的同时,为自由贸易试验区企业创造了更好的经济环境及吸引高水平人才的可能。自由贸易试验区的金融制度改革也为地区企业降低了企业融资成本,激发市场活力,为本地区企业提高了资源配置效率,提升地区企业全要素生产率。聂飞[4]认为自由贸易试验区建设总体上能够有效提升制造业结构合理化程度,促进制造业结构升级,但政策效果并没有持续显现。也有研究表明上海自由贸易试验区设立能够显著促进产业结构高度化,但对其他省市产业结构升级效应影响不明显[5]。张颖和逯宇铎[6]认为自由贸易试验区的建设能够对实体经济的发展带来一

① 冯凯,李荣林.负面清单视角下上海自由贸易试验区服务业开放度研究[J].上海经济研究,2019(6):121-128.
② 匡海波,刘天寿,刘家国,等.基于PCA-TOPSIS的自由贸易试验区开放水平测度研究[J].科研管理,2018,39(3):69-79.
③ EATON J, KORTUM S. Technology geography and trade[J]. Econometrica, 2002, 70(5).
④ 聂飞.自由贸易试验区建设促进了制造业结构升级吗?[J].中南财经政法大学学报,2019(5):145-156.
⑤ 黎绍凯,李露一.自由贸易试验区对产业结构升级的政策效应研究——基于上海自由贸易试验区的准自然实验[J].经济经纬,2019,36(5):79-86.
⑥ 张颖,逯宇铎.自由贸易试验区建设对区域经济增长及创新能力影响研究——以辽宁自由贸易试验区为例[J].价格理论与实践,2019(3):130-133.

定的积极作用,但其对工业产业及其他行业的影响效果存在明显的差异性。李世杰和赵婷茹①从产业结构高级化和产业结构合理化两个层面分析了自由贸易试验区的设立对产业结构的处理效应。认为自由贸易试验区先行试验的政策能够显著地促进产业结构的高级化,而对产业结构合理化的促进作用表现因时期而异。

(六)提升创新能力

制度创新提升了中国市场的开放度和竞争程度,企业间竞争加剧引起的资源从低效率企业流向高效率企业,迫使低生产率企业退出市场,促使在位企业创新研发②,从而实现企业资源的优化配置和区内企业整体水平的提升。自由贸易试验区在吸引企业入驻形成集聚经济的同时,也提升了企业间的竞争压力,企业竞争压力的提升可以促进企业持续创新③。刘秉镰和王钺④利用合成控制分析法,发现上海自由贸易试验区的设立通过微观层面的竞争效应、中观层面的溢出效应以及宏观层面的国际贸易效应提升了上海市的创新水平。

除此之外,汪文姣等⑤研究表明政策的滞后性使得广东自由贸易试验区的设立在短期内对粤港经济联系强度的利好作用不明显,但是从长期来看,粤港经济联系强度得以加强。这也进一步证明了自由贸易试验区制度创新的辐射作用。张颖和逯宇铎⑥研究表明辽宁自由贸易试验区对地区创新能力的影响非常显著,对地区创新能力的促进作用是通过区内高技术企业的引入,提升了整体技术水平。

中心-外围理论认为,城市的集聚经济不仅会对区域内企业产生影响,而且会对周边的企业产生溢出效应⑦。自由贸易试验区的制度优势降低了外资准入门槛,有利于产业集聚及外商投资,促进自由贸易试验区内的企业吸收国外先进技术和管理经验⑧,而这些先进的技术和经验会对本地自由贸易试验区外的企业产生

① 李世杰,赵婷茹.自由贸易试验区促进产业结构升级了吗?:基于中国(上海)自由贸易试验区的实证分析[J].中央财经大学学报,2019(8):118-128.

② 余淼杰,崔晓敏.经济全球化下中国贸易和投资促进的措施[J].国际经济评论,2017(03):4-5,28-44.

③ AGHION P. Industrial policy and corpetition[J]. American Economic Journal: Macroecnomics, 2015, 7 (4):1-32.

④ 刘秉镰,王钺.自由贸易试验区对区域创新能力的影响效应研究:来自上海自由贸易试验区准实验的证据[J].经济与管理研究,2018,39(9):65-74.

⑤ 汪文姣,戴荔珠,赵晓斌.广东自由贸易试验区对粤港澳经济联系强度的影响效应评估:基于反事实分析法的研究[J].国际经贸探索,2019,35(11):49-65.

⑥ 张颖,逯宇铎.自由贸易试验区建设对区域经济增长及创新能力影响研究:以辽宁自由贸易试验区为例[J].价格理论与实践,2019(3):130-133.

⑦ 张天华,董志强,许华杰.大城市的企业资源配置效率更高吗?:基于中国制造业企业的实证研究[J].产业经济研究,2017(4):42-55.

⑧ 应望江,范波文.自由贸易试验区促进了区域经济增长吗?:基于沪津闽粤四大自由贸易试验区的实证研究[J].华东经济管理,2018,32(11):5-13.

影响,形成技术外溢。因此,自由贸易试验区在为各类生产要素集聚合作提供了低交易成本、高生产率、利于创新发展的政策环境的同时,不可避免地会产生示范溢出效应,而这种溢出效应带动了地区企业自主创新能力的提升。自由贸易试验区内实行的政府监管等制度创新会降低资本、劳动等生产要素的流动成本,吸引生产资源向其聚集,短期内会产生溢出效应。另外,技术和知识的外溢效应会使得本地区自由贸易试验区外的企业从中获益,促进地区内企业的相互业务,与地区功能相互促进带动地方经济发展,影响该地区企业生产过程中的资源再分配、资本投资和技术创新等活动,进而影响该地区企业绩效。自由贸易试验区建设事实已经表明,可复制可推广的制度创新促进了地区内其他企业从中获利。以福建省为例,截至2019年11月,福建省已经分八批次将福建自由贸易试验区共179项改革创新成果①在省内其他区域推广,发挥了自由贸易试验区在坚持高质量发展落实赶超中的引领带动作用,有效地提高了地区企业的生产率。

二、微观效应

相对于宏观层面的研究,自由贸易试验区对微观企业的影响研究较为匮乏。除了从定性的角度分析上海自由贸易试验区金融创新对区内企业的影响机理外②,谭建华等从微观角度进行了定量分析,认为自由贸易试验区增强了区内的人才吸引力,缓解了企业内部的融资约束,进而促进了企业投资效率的提升。同时,自由贸易试验区的设立促进了企业技术创新,且对非国有企业的作用更大③。

本 章 小 结

本章对中国自由贸易试验区的制度创新现状进行了分析。自由贸易试验区的制度创新结构涵盖了涉及企业发展的各个领域,各领域制度创新安排相互支撑,共同服务于经济主体。在详细分析了各领域制度创新安排的基础上,重点强调各领

---

① 根据福建省自由贸易试验区公开数据统计得出,其中复制推广制度创新成果分别为第一批18项(2015年6月),第二批12项(2015年7月),第三批20项(2016年1月),第四批20项(2016年12月),第五批40项(2017年9月),第六批26项(2018年10月),第七批20项(2019年11月),第八批23项(2020年11月)。数据来源于中国(福建)自由贸易试验区网站[EB/OL].http://www.china-fjftz.gov.cn/.

② 谢宝剑,杨娇,钟韵.中国(上海)自由贸易试验区金融创新对区内企业的影响机理分析[J].亚太经济,2016(02):121-127.

③ 谭建华,严丽娜.自由贸易试验区设立与企业技术创新[J].中南财经政法大学学报,2020(02):48-56,158-159.

域制度创新的核心思想。进一步分析了自由贸易试验区制度创新的功能,即制度创新优化了制度环境,为企业提供激励。最后,结合已有针对自由贸易试验区的研究文献,分别从自由贸易试验区的宏观效应和微观效应对相关成果进行评述。虽然文献从多角度对中国自由贸易试验区的发展做出了有意义的探索,但是由于中国自由贸易试验区成立时间较晚,多数研究集中在自由贸易试验区所产生的宏观效应,而以自由贸易试验区制度创新为核心,研究其对企业的微观效应仍然值得深入,尤其是对企业绩效影响的文献尚未多见。

第五章 制度创新影响企业绩效的
实证分析

一种提供适当的个人刺激的有效制度是促进经济增长的决定因素,它不仅是国家,也是其他组织提高绩效、获得优势的决定性因素①。企业作为国民经济的微观经济单位正是在制度安排下决定如何配置资源。企业对其资源的使用依赖于行政性的决策,即现有制度安排决定了企业参与经济活动的程度。可见,制度创新对于经济增长的促进作用可以通过企业绩效体现出来。

第一节　企业绩效的测度

石大千等②以全要素生产率和劳动生产率共同作为企业绩效的代理变量,也代表了企业高质量发展水平。本章在相关文献研究的基础上,分别从企业全要素生产率和企业劳动生产率两个角度衡量企业绩效。

一、企业全要素生产率

企业全要素生产率是反映企业生产率的重要指标,是企业经济绩效的表现。企业全要素生产率涵盖了技术进步、物质生产的知识水平、管理技能、制度环境以及随机因素等非生产要素对产出的影响③,是反映企业效益的重要指标。早期的学者们针对全要素生产率的研究多是基于"索洛余值"围绕国家或者产业等宏观层面展开的,通常用来分析国别、地区和行业经济绩效差异。随着微观数据的可获得性增强,针对全要素生产率的研究也逐渐从宏观扩展到微观。全要素生产率是

① 王涛生.制度创新影响国际贸易竞争优势的机理、模型与实证研究[D].长沙:湖南大学,2013.
② 石大千,胡可,陈佳.城市文明是否推动了企业高质量发展?:基于环境规制与交易成本视角[J].产业经济研究,2019(06):27-38.
③ 鲁晓东,连玉君.中国工业企业全要素生产率估计:1999—2007[J].经济学,2012,11(02):541-558.

经济高质量发展的根本动力①。测度全要素生产率的方法目前主要有参数估计法、非参数估计法以及半参数估计法。在考虑微观全要素生产率的估计方法时,需要意识到企业的技术水平在某种程度上是事前认知的,企业根据已知的技术水平再选择合适的要素投入水平,这就使得函数估计中存在内生性问题,因此增长核算法、参数回归法等不适合于微观企业生产率的研究,线性估计方法中存在同时性偏差和样本选择偏差②。对此学者们提出了不同的改进方法,目前常见的计算企业全要素生产率的方法有 OP 法、LP 法以及广义矩估计法。

(1)OP 法。Olley 和 Pakes③ 提出的一致半参数估计值方法,解决了生产函数中的内生性问题。OP 法假定企业根据当前生产率状况,据此做出投资决策,在给定资本存量和企业投资大于零的情况下,假设投资是关于生产率的严格单调增函数,然后求生产率关于投资和资本存量的反函数,并进一步用反函数将不可观测的生产率表示出来。该方法用企业的当期投资作为不可观测生产率冲击的代理变量,以解决模型估计中的内生性问题。

(2)LP 法。在满足一系列假定的条件下,OP 法可以提供对企业层面生产函数的一致估计值。其中一个假定是要求代理变量(投资)与总产出始终保持单调关系。这就意味着那些投资额为零的样本并不能被估计。事实上,由于并非每一个企业每一年都有正的投资,从而使得很多企业样本在估计过程中被丢弃掉了。Levinsohn 和 Petrin 针对这一问题提出了 LP 法。该方法并不是使用投资额作为代理变量,而是代之以中间品投入指标,从数据的角度出发,中间品投入更易获得。

(3)GMM 法。LP 法和 OP 法都属于半参数的估计方法,除此之外还存在一些其他方法可以为生产函数提供一致估计,GMM 法是通过加入工具变量来解决模型中的内生性问题。对于生产函数的估计而言,一个自然的工具变量就是被解释变量的滞后值。因为它是在 $t-1$ 期确定的,因此不会与当期的技术冲击有关。

对于各种计算方法对全要素生产率估算的准确性学术界存在较大争议,通常认为 OP 法在计算时要求投资为非负数,从而损失了很多样本值,因此本章借鉴鲁晓东和连玉君的研究,采取 LP 方法计算全要素生产率。具体而言以企业员工数代表企业规模,主营业务收入衡量企业产出,以固定资产净额衡量企业资本。同时后文中利用以 GMM 法和 FE 法计算的全要素生产率进行稳健性检验。

---

① 张海玲,张宗斌,闫付美.基于技术距离的环境治理对企业全要素生产率的影响[J].中国人口·资源与环境,2018,28(10):121-130.

② 鲁晓东,连玉君.中国工业企业全要素生产率估计:1999—2007[J].经济学,2012,11(02):541-558.

③ OLLEY G S , PAKES A. The dynamics of productivity in the telecommunications equipment industry [J]. Econometrica, 1996, 64(6): 1263-1297.

二、企业劳动生产率

随着制度创新引起交易成本的下降,企业非生产性支出随之降低,从而提高企业运营效率,提高企业劳动生产率。中国改革目标之一在于提升企业的效率,现阶段的改革开放致力于推动由商品和要素流动型开放向规则等制度型开放转变。自由贸易试验区的制度创新正体现了国内制度规则与国际接轨,以高水平开放促进深层次市场化改革的需要。供给侧结构性改革面临的最核心问题是效率问题,供给效率不高、供给质量不高是经济下行的根本性因素。企业效率是社会总供给效率的核心组成部分。企业在制度环境下开展生产等活动,企业效率即是对制度环境的反映,体现了制度政策的有效性。能否提升企业效率是制度创新面临的核心问题,也是检验制度创新政策效果的标准之一。劳动生产率不但直接反映企业效率[1],也是衡量企业绩效的有效指标。王进猛和沈志渔[2]将衡量企业绩效的指标分为企业效率和企业效益两个方面,分别以人均销售额表示的劳动生产率和资产报酬率表示。本章以劳动生产率作为企业绩效的另一指标,进一步考察制度创新对企业劳动生产率的影响。企业劳动生产率参照石大千等的研究,以人均主营业务收入表示。

第二节　制度创新对企业全要素生产率的影响

对企业层面的全要素生产率的测度可以进一步衡量出宏观经济政策的有效性以及资源配置效率是否得到改善[3]。因此,本书以企业全要素生产率表征企业绩效,分析制度创新对企业全要素生产率的影响。中国自由贸易试验区的核心任务就是制度创新,测度制度创新对企业全要素生产率的影响可以衡量自由贸易试验区制度创新政策的有效性。自由贸易试验区作为制度创新的实践者,形成了可复制可推广的制度创新成果,彰显了全面深化改革和扩大开放的试验田作用(蒋晓岚

---

① 石大千,胡可,陈佳.城市文明是否推动了企业高质量发展?——基于环境规制与交易成本视角[J].产业经济研究,2019(6):27-38.

② 王进猛,沈志渔.内部贸易对外资企业绩效影响实证研究——基于国际分工和交易成本视角[J].财贸经济,2015(2):74-86.

③ 尹恒,杨龙见.投入产出异质性与中国制造业企业生产率估计:1998—2013[J].中国工业经济,2019(4):23-41.

和孔令刚,2020)①。2015 年《政府工作报告》首次提出,要提高全要素生产率,实现在发展中升级,在升级中发展。全要素生产率不仅涵盖信息全面、综合性较强,而且能够表征企业生产率的变化。已有研究表明减少行政干预、司法公正与效率、执行合同的时间和成本等制度可以显著提升企业的全要素生产率。自由贸易试验区的核心任务和价值正是制度创新的体现,通过提升贸易便利化水平、推动金融创新服务实体经济等,这些制度创新成果的复制和推广能够影响企业行为。

一、企业全要素生产率特征分析

对自由贸易试验区样本企业全要素生产率的特征分析如表 5-1 所示。以 LP 法计算的 2008—2019 年全样本的上市公司全要素生产率均值为 16.11,最小值为 13.87,最大值为 18.79。2013 年设立第一批自由贸易试验区即上海自由贸易试验区,设立前企业全要素生产率均值为 16.232 1,设立后为 16.328 1;2015 年设立第二批自由贸易试验区,即广东、天津、福建等自由贸易试验区,设立前企业全要素生产率均值为 15.920 1,设立后为 16.170 7;2017 年设立第三批自由贸易试验区,包括辽宁、浙江、河南、湖北、重庆、四川、陕西等地区,设立前企业全要素生产率均值为 15.974 6,设立后为 16.209 5;2018 年设立第四批自由贸易试验区,即海南自由贸易试验区,设立前企业全要素生产率均值为 15.622 4,设立后为 15.936 2;2019 年第五批自由贸易试验区,即山东、江苏、广西、河北、云南、黑龙江省等自由贸易试验区,设立前企业全要素生产率均值为 16.095 2,设立后为 16.267 0。可见,企业全要素生产率在以其所在地区是否设立为自由贸易试验区为节点后均有所提高,可以初步判断自由贸易试验区设立后,地区企业全要素生产率有所提高。那么,企业全要素生产率的提高是否是由该地区设立为自由贸易试验区采取的制度创新,进而带来的制度环境的改善而导致的,即企业全要素生产率的提高与制度创新之间是否存在必然联系,对此还需要进一步采取计量模型分析,以便剔除其他因素和干扰。

---

① 蒋晓岚,孔令刚.我国渐进式改革推进策略的落地与空间展开——基于国家级试验区和示范区比较研究视角[J].改革与战略,2020,36(2):18-26.

表 5-1 企业全要素生产率特征分析

企业全要素生产率		均值	标准差	最小值	最大值	观察数
全样本		16.113 0	0.876 1	13.867 6	18.792 5	28 541
2013 年第一批自由贸易试验区	设立前	16.232 1	0.904 6	14.347 0	18.244 9	703
	设立后	16.328 1	0.894 4	14.303 8	18.532 9	1 535
2015 年第二批自由贸易试验区	设立前	15.920 1	0.886 5	14.205 3	18.472 2	2 572
	设立后	16.170 7	0.853 3	14.242 3	18.440 2	3 309
2017 年第三批自由贸易试验区	设立前	15.974 6	0.866 1	13.867 6	18.792 5	4 852
	设立后	16.209 5	0.844 2	14.334 0	18.792 5	2 502
2018 年第四批自由贸易试验区	设立前	15.622 4	0.915 9	14.020 0	18.006 9	191
	设立后	15.936 2	0.928 4	14.671 7	17.368 6	47
2019 年第五批自由贸易试验区	设立前	16.095 2	0.839 8	14.069 0	18.783 9	5 216
	设立后	16.267 0	0.792 1	14.458 4	18.677 2	701

本书在以 LP 法计算企业全要素生产率的基础上,以 FE 法和 GMM 法计算的全要素生产率进行稳健性检验。为了进一步验证以 LP 法、FE 法、GMM 法计算的全要素生产率的合理性,对以上几种方法计算的全要素生产率相关系数测度。如表 5-2 所示,结果显示以上几种方法计算的全要素生产率之间相关性较大,可以用 FE 法、GMM 法计算的全要素生产率替代以 LP 法计算的全要素生产率进行稳健性检验。

表 5-2 企业全要素生产率相关系数

	pwcorr			spearman		
	lntfplp	tfpfe	tfpgmm	lntfplp	tfpfe	tfpgmm
lntfplp	1.000 0			1.000 0		
tfpfe	0.910 2	1.000 0		0.918 1	1.000 0	
tfpgmm	0.776 2	0.891 6	1.000 0	0.789 3	0.880 8	1.000 0

二、模型设计与变量定义

1.模型的选择

自由贸易试验区的制度创新涵盖了投资管理领域、贸易便利化领域、金融开放创新领域、事中事后监管措施、人力资源领域等各个方面,这些服务于共同目标的不同领域的制度创新构成了自由贸易试验区的制度创新结构。因此,自由贸易试验区的制度创新可以看成是一个制度结构系统的创新。单纯的某一个指标并不能完全体现出自由贸易试验区的制度创新效果,采用指标合成又存在指标的选取以及确定权重的主观性问题,尤其对于企业来说存在行业异质性特征,不同行业受到不同制度创新的影响各异。因此,无论是单一指标还是合成指标都很难准确反映制度创新水平。自由贸易试验区的制度创新是伴随着自由贸易试验区的设立开始逐步实施的,是涵盖了经济社会各领域的系统性制度变革。中国自由贸易试验区是制度型开放的关键窗口,是我国对标国际高水平贸易投资规则,探索制度型开放的重要载体。在制度型开放的进程中,自由贸易试验区承担着国际经济规则先行先试的重任。因此自由贸易试验区的设立为我们的研究提供了一个测度制度创新政策效果的准自然实验。可以将自由贸易试验区的制度创新看作一个政策冲击,它是伴随着自由贸易试验区的设立而产生的。因此,以自由贸易试验区的设立作为制度创新的代理变量,采用双重差分模型评估制度创新的政策效果。

双重差分模型是评估政策实施效果的应用较为普遍的方法,受到了学者们的欢迎。双重差分法适用于政策实施效应研究,将研究对象分为受政策干预影响的控制组和不受政策干预影响的对照组,并将二者在政策前后随时间变化产生的差异归因于政策的效果。卞泽阳等利用双重差分模型考察了开发区的设立对城市企业出口参与的影响。王桂军和卢潇潇以"一带一路"倡议的提出作为准自然实验,考察其对中国企业升级的影响。石大千等利用双重差分方法评估了智慧城市建设对城市环境污染的影响,并运用双重差分倾向得分匹配法(PSM-DID)进一步进行了验证。黄贤环和王瑶采用双重差分法实证检验了限薪政策出台后国有企业全要素生产率的变化。任胜钢等以中国首次大规模的市场型环境规制——2007 年 SO_2 排放权交易试点政策作为准自然实验,研究排污权交易制度对企业全要素生产率的影响。郑宝红和张兆国以中国 2008 年新所得税法的实施作为外生事件,用双重差分法考察了企业所得税率降低对全要素生产率的影响。孙广召[①]考察了高铁开

---

① 孙广召.高铁开通对全要素生产率的影响分析[D].济南:山东大学,2019.

通对全要素生产率的影响。可见,双重差分基于准自然实验用于评估政策的实施效果得到了广泛的应用。由于中国自由贸易试验区的建立是一个循序渐进的过程,从 2013 年建立中国(上海)自由贸易试验区以后,至 2019 年已经逐渐设立了五批自由贸易试验区,分批设立的自由贸易试验区为我们采用多期双重差分模型提供了实证对象,因此实证部分主要采用多期双重差分模型来评估制度创新对企业绩效的影响。

2.模型的设计及变量定义

传统 DID 模型如式(5-1)所示。

$$y_{it} = \alpha_0 + \theta(\text{treat}_i + \text{post}_t) + \beta X_{it} + \mu_i + \lambda_t + \varepsilon_{it} \qquad (5-1)$$

其中,y_{it} 为因变量,i 为个体,t 为时间,treat_i 为企业分组变量,若个体 i 属于受到政策冲击的"处理组",则取值为 1;若个体 i 属于未受到政策冲击的"控制组",取值为 0。post_t 为处理期时间虚拟变量,处理组的个体也只有到了处理期才会受到政策冲击,若个体 i 进入处理期取值为 1,否则,取值为 0。传统 DID 假定处理组的所有个体开始受到政策冲击的时间点完全相同,属于两期差分。

当处理组个体接受处理时间点不一致时,可以采用多期双重差分模型。将处理期时间虚拟变量 post_t 改为 post_{it},即处理期时间点因个体 i 而异。鉴于自由贸易试验区是一个逐期设立的过程,五批自由贸易试验区的设立时间分别为 2013 年、2015 年、2017 年、2018 年及 2019 年。在基准模型的设计上,本章根据多期 DID 模型的原理对制度创新影响企业全要素生产率的影响进行识别,如式(5-2)所示。

$$\text{Intfp}_{it} = \alpha_0 + \alpha_1(\text{treat}_i + \text{post}_i) + \beta X_{it} + \lambda_t + \mu_i + \text{industry}_j + \varepsilon_{it} \qquad (5-2)$$

本书考察的样本期间为 2008 年至 2019 年,依据各地区各时期自由贸易试验区的设立与否选择处理组和控制组。若企业所在省(市、自治区)为自由贸易试验区省份,则该企业为处理组,若企业所在省(市、自治区)没有设立为自由贸易试验区,则该企业作为控制组。对于政策冲击时间的确定,以处理组企业所在省(市、自治区)自由贸易试验区挂牌以前的时期为制度创新政策实施前的时期,以挂牌当年及以后的时期作为制度创新政策实施后的时期。以中国(辽宁)自由贸易试验区为例,辽宁省的企业为处理组企业,即 treat 取值为 1;同时,辽宁省的企业 2017 年以前未受到制度创新政策冲击,post 取值为 0,2017 年及以后 post 取值为 1。又如样本期内安徽省并没有被设立为自由贸易试验区,则安徽省的企业为对照组企业,treat 取值为 0;同时,对照组企业始终没有受到政策冲击,post 取值为 0。交乘项 $\text{treat}_{i} \times \text{post}_{it}$ 表示个体 i 在第 t 期接受制度创新政策冲击的虚拟变量;lntfp_{it} 代表企业全要素生产率,以 LP 法计算;X_{it} 代表控制变量。参考已有研究,对上市公司总资产报酬率、企业规模、资产负债率、资本结构、企业年龄、现金流量和股权集中度进行了控制。其中,企业规模以企业员工的自然对数表示;企业年龄以企业成立时间的自然对数表示;资本结构以企业资产负债率表示;现金流量以企业营业活动产生的现金流量净额与营业收入的比值表示;股权集中度以前十大股东股份占比表示。模型考虑了时间固定效应 λ_t,同时考虑到企业所在行业随时间变化的诸多不可观测因素可能对企业全要素生产率造成影响,加入行业固定效应 industry_j,以控制行业不可观测因素;μ_i 代表不随时间变化的企业个体固定效应;ε_{it} 代表随机扰动项。依据多期 DID 模型原理,重点关注交乘项 $\text{treat}_\times\text{post}$ 的系数 α_1,它代表剔除了其他干扰因素后,自由贸易试验区的制度创新对地区企业全要素生产率的影响。

考虑到自由贸易试验区对微观企业的动态影响,其对企业全要素生产率的提升效应也存在随时间变化的影响。因此参考王桂军和卢潇潇的研究,利用模型(5-3)来识别自由贸易试验区制度创新对企业全要素生产率的动态影响:

$$\text{Intfp}_{it} = \sum_{t=2013}^{2019} \theta_t \times (\text{treat}_i + \text{year}_t) + \beta X_{it} + \lambda_t + \mu_i + \text{industry}_j + \varepsilon_{it}$$

$$(5-3)$$

其中,year_t 是年度虚拟变量,t 取值为 2013—2019 年,θ_t 是本章重点关心的系数,可以用来识别自由贸易试验区的制度创新对地区企业全要素生产率的动态效应和变化趋势,其他各项变量定义与模型(5-2)相同。

3.变量的描述性统计

以 2008—2019 年中国 A 股上市公司为研究对象,数据来源于 Wind 数据库。参考已有研究,剔除金融类公司、ST 公司以及主要核心变量缺失的企业样本,最终获得 3 499 个企业,28 541 个样本。为了避免极端值对估计结果的干扰,对主要连续型变量在 1%分位两端进行了缩尾处理并取对数。各变量的描述性统计如表5-3所示。

表5-3　变量的描述性统计

变量	变量名称	均值	标准差	最小	最大	观察数
treat ×post	制度创新	0.28	0.45	0.00	1.00	28 541
lntfplp	企业全要素生产率	16.11	0.88	13.87	18.79	28 541
roa	总资产报酬率	658	7.69	−183.98	123.26	28 541

表 5-3(续)

变量	变量名称	均值	标准差	最小	最大	观察数
lnlabor	企业规模	7.53	1.03	5.79	9.09	28 541
dar	资产负债率	44.04	78.57	−19.47	9 695.93	28 541
lnage	企业年龄	2.77	0.37	0	4.16	28 541
procash	现金流量	−0.04	11.79	−1 756.84	49.74	28 541
topshare	股权集中度	59.73	16.12	1.32	101.16	28 541

三、平行趋势检验

双重差分模型的原理是基于反事实框架来评估政策发生和不发生这两种情形下被观测变量的变化,这种方法使用的前提是满足"平行趋势"假设,使得控制组和对照组样本在政策发生前具有可比性。针对自由贸易试验区的制度创新政策的实施,对企业全要素生产率进行平行趋势检验,检验结果如图 5-1 所示。

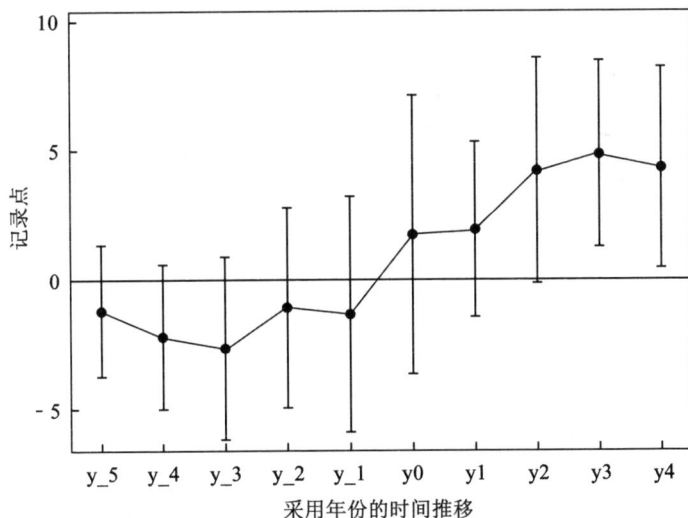

图 5-1 平行趋势检验

从图 5-1 可以看出,在自由贸易试验区制度创新政策实施前的 5 期,虚拟变量系数均在 0 附近,满足平行趋势假设;在自由贸易试验区制度创新政策实施后的 4 期,每个时期的虚拟变量的系数均大于 0,且均在 1% 或 5% 的水平上显著,表明具有显著正向的处理效应。因此模型通过平行趋势检验,可以进一步采用多期双重差分法检验制度创新对企业全要素生产率的影响。

四、多期 DID 模型结果

(一)静态结果分析

采用模型(5-2)检验自由贸易试验区的制度创新对地区企业全要素生产率的影响,结果如表 5-4 所示。在没有加入控制变量时,交乘项 treat ×post 系数为0.036 8,且在 1% 水平上显著,即制度创新显著提升了企业全要素生产率。在对企业层面特征变量、年度固定效应进行控制后第 2 列结果显示交乘项 treat ×post 系数为 0.012 且在 5% 的水平上显著;在进一步分别控制行业效应后,交乘项 treat ×post 系数为 0.016,同样在 5% 的水平上显著。由此可见,自由贸易试验区的制度创新确实显著促进了地区企业全要素生产率的提升。在对企业不随时间变化的固定因素进行控制后,该系数仍然在 1% 水平上显著促进企业全要素生产率的提升,且交乘项 treat ×post 系数提高至 0.025 3,说明企业不随时间变化的固定效应是影响企业全要素生产率的重要因素,如果不加以控制可能会低估自由贸易试验区的制度创新对该地区企业全要素生产率的影响。以上结果表明,自由贸易试验区的制度创新确实提高了所在地区企业的全要素生产率。

表 5-4 制度创新对企业全要素生产率的影响

	lntfplp			
	(1)	(2)	(3)	(4)
treat×post	0.036 8 ***	0.012 **	0.016 0 **	0.025 3 ***
	(0.008 1)	(0.007 3)	(0.007 2)	(0.007 3)
roa		0.014 0 ***	0.014 2 ***	0.013 9 ***
		(0.000 3)	(0.000 3)	(0.000 3)
lnlabor		0.290 5 ***	0.297 4 ***	0.244 3 ***
		(0.004 8)	(0.004 7)	(0.005 3)
dar		0.008 4 ***	0.007 9 ***	0.007 1 ***
		(0.000 2)	(0.000 2)	(0.000 2)
lnage		0.212 ***	0.152 4 ***	0.102 7 ***
		(0.019 4)	(0.019 0)	(0.028 3)

表 5-4(续)

	lntfplp			
	(1)	(2)	(3)	(4)
procash		0.001 0 *	0.000 9 *	0.002 4 ***
		(0.000 5)	(0.000 5)	(0.000 8)
topshare		0.002 4 ***	0.002 3 ***	0.002 6 ***
		(0.000 2)	(0.000 2)	(0.000 3)
contant	15.52 ***	12.41 ***	12.66 ***	13.11 ***
	(0.016 2)	(0.058 8)	(0.076 3)	(0.078 3)
year	控制	控制	控制	控制
industry	否	否	控制	—
fe	否	否	否	控制
N	28 541	28 541	28 541	28 541
R^2	0.304 5	0.432 0	0.432 6	0.453 9
id	3 499	3 499	3 499	3 499

注:***、**、*分别表示在 1%、5%、10%的水平下显著,括号内为标准差。

（二）制度创新对地区企业全要素生产率的动态影响

本章依据模型(5-3)考察自由贸易试验区的制度创新对企业的动态影响,结果如表 5-5 所示。模型结果显示,在控制时间效应、企业固定效应后,自由贸易试验区的制度创新在初始时期 2013 年对企业全要素生产率动态效应为 0.057 1 且在 1%水平上显著;以后逐年提高,并于 2019 年效应达到最大为 0.326,且仍然在 1%水平上显著。相对于对照组而言,均呈现显著特征。自由贸易试验区的制度创新成果的形成与复制推广是一个逐步完善的过程,随着越来越多的制度创新成果的复制推广,其对企业全要素生产率的影响也逐步增强,呈现出逐年显著提高的动态效应。

表 5-5　制度创新对企业全要素生产率的动态影响

	lntfplp		
	（1）	（2）	（3）
treat×year2013	0.056 5 ***	0.066 2 ***	0.057 1 ***
	（0.008 6）	（0.008 6）	（0.010 6）
treat×year2014	0.068 7 ***	0.082 0 ***	0.069 7 ***
	（0.008 9）	（0.008 8）	（0.013 7）
treat×year2015	0.084 8 ***	0.100 4 ***	0.086 7 ***
	（0.009 2）	（0.009 1）	（0.017 2）
treat×year2016	0.148 ***	0.165 7 ***	0.150 8 ***
	（0.009 7）	（0.009 6）	（0.020 4）
treat×year2017	0.239 5 ***	0.260 3 ***	0.247 0 ***
	（0.010 1）	（0.010 0）	（0.023 2）
treat×year2018	0.295 7 ***	0.320 0 ***	0.303 9 ***
	（0.010 8）	（0.010 7）	（0.025 8）
treat×year2019	0.317 5 ***	0.345 3 ***	0.326 0 ***
	（0.011 5）	（0.011 4）	（0.028 3）
roa	0.014 3 ***	0.014 2 ***	0.014 0 ***
	（0.000 3）	（0.000 3）	（0.000 8）
lnlabor	0.296 8 ***	0.303 9 ***	0.252 5 ***
	（0.004 8）	（0.004 7）	（0.016 4）
dar	0.008 1 ***	0.007 6 ***	0.006 7 ***
	（0.000 2）	（0.000 2）	（0.000 5）
lnage	0.358 1 ***	0.306 4 ***	0.413 8 ***
	（0.017 3）	（0.017 0）	（0.051 3）
procash	0.000 9 *	0.000 9	0.002 3 ***
	（0.000 5）	（0.000 5）	（0.000 6）
topshare	0.002 8 ***	0.002 7 ***	0.003 1 ***
	（0.000 2）	（0.000 2）	（0.000 7）
contant	12.08 ***	12.33 ***	12.37 ***
	（0.055 7）	（0.074 3）	（0.166 1）

表 5-5(续)

	lntfplp		
	(1)	(2)	(3)
year	控制	控制	控制
industry	否	控制	—
fe	否	否	控制
N	28 541	28 541	28 541
R^2	0.422 9	0.422 9	0.426 2
id	3 499	3 499	3 499

注:*** 、** 、* 分别表示在 1%、5%、10%的水平下显著,括号内为标准差。

五、稳健性检验

为了检验自由贸易试验区的制度创新是否确实提高地区企业全要素生产率,以 FE 法和 GMM 法计算全要素生产率替换以 LP 法计算的全要素生产率进行稳健性检验。以 FE 和 GMM 法计算的企业全要素生产率为被解释变量,分别表示为 tf-pfe、tfpgmm。多期 DID 模型稳健性检验结果如表 5-6 所示。在控制企业层面因素、时间效应、行业效应以及企业个体效应后,treat ×post 系数分别为 0.025 5 和 0.027 8,且均在 1%水平上显著,稳健性结果显示自由贸易试验区的制度创新确实提升了以 FE 法和 GMM 法确定的地区企业全要素生产率。回归结果与原模型系数接近,显著性相同,模型稳健。

表5-6 替换被解释变量稳健性检验

	tfpfe				tfpgmm			
	(1)	(2)	(3)	(4)	(1)	(2)	(3)	(4)
treat×post	0.026 3***	0.019 0***	0.016 7**	0.025 5**	0.028 8***	0.026 3***	0.023 9***	0.027 8**
	(0.007 6)	(0.007 2)	(0.007 2)	(0.012 0)	(0.007 9)	(0.007 6)	(0.007 6)	(0.012 5)
roa		0.014 3***	0.014 3***	0.013 9***		0.014 9***	0.014 9***	0.014 5***
		(0.000 3)	(0.000 3)	(0.000 8)		(0.000 4)	(0.000 4)	(0.000 9)
lnlabor		−0.003 3	0.004 1	−0.048 0***		−0.129 7***	−0.117 4***	−0.158 1***
		(0.004 8)	(0.004 7)	(0.016 3)		(0.005 0)	(0.004 9)	(0.016 3)
dar		0.008 3***	0.007 7***	0.007 0***		0.006 7***	0.006 3***	0.005 6***
		(0.000 2)	(0.000 2)	(0.000 5)		(0.000 2)	(0.000 2)	(0.000 6)
lnage		0.206 2***	0.146 7***	0.094 6		0.142 8***	0.088 7***	0.012 8
		(0.019 4)	(0.019 0)	(0.060 2)		(0.020 4)	(0.019 6)	(0.056 0)
procash		0.001 0*	0.000 9*	0.002 4***		0.000 8	0.000 7	0.002 0***
		(0.000 5)	(0.000 5)	(0.000 6)		(0.000 6)	(0.000 5)	(0.000 4)
topshare		0.002 5***	0.002 3***	0.002 6***		0.003 0***	0.002 9***	0.003 1***
		(0.000 2)	(0.000 2)	(0.000 7)		(0.000 3)	(0.000 2)	(0.000 7)
contant	−0.083 8***	−1.123	−0.893 9***	−0.429 8**	8.903***	8.911 3***	8.854***	9.512***
	(0.014 2)	(0.058 7)	(0.076 0)	(0.179 9)	(0.014 5)	(0.061 8)	(0.078 3)	(0.173 2)

表5-6(续)

	tfpfe				tfpgmm			
	(1)	(2)	(3)	(4)	(1)	(2)	(3)	(4)
year	控制	控制	控制	控制	控制	控制	控制	控制
industry	否	否	控制	—	否	否	控制	—
fe	否	否	否	控制	否	否	否	控制
N	28 541	28 541	28 541	28 541	28 541	28 541	28 541	28 541
R^2	0.008 8	0.266 7	0.336 2	0.147 3	0.100 3	0.184 6	0.270 0	0.188 2
id	3 499	3 499	3 499	3 499	3 499	3 499	3 499	3 499

注:***,**,*分别表示在 1%,5%,10%的水平下显著,括号内为标准差。

　　进一步地,以 FE 法和 GMM 法计算的全要素生产率替换以 LP 法计算的全要素生产率进行动态效应稳健性检验,动态模型(5-3)的稳健性检验结果如表 5-7 所示。以 FE 法和 GMM 法计算全要素生产率分别作为被解释变量,在控制企业层面因素、时间效应、行业效应以及企业个体效应后,自由贸易试验区的制度创新在 2013 年对企业全要素生产率动态效应分别为 0.048 0 和 0.032,且均在 1%水平上显著;以后逐年提高,即动态效应系数逐年增加,均于 2019 年效应达到最大,分别为 0.297 6 和 0.249 2,且均在 1%水平上显著。相对于对照组而言,呈现显著特征。稳健性检验结果显示自由贸易试验区的制度创新确实逐年提升了以 FE 法和 GMM 法确定的地区企业全要素生产率。动态效应结果与原模型系数接近,显著性相同,结果稳健。

表 5-7　动态效应稳健性检验

	tfpfe			tfpgmm		
	(1)	(2)	(3)	(1)	(2)	(3)
treat× year2013	0.0471 *** (0.008 6)	0.056 6 *** (0.008 6)	0.048 0 *** (0.010 3)	0.031 1 *** (0.009 0)	0.040 1 *** (0.009 0)	0.032 0 *** (0.010 2)
treat× year2014	0.055 0 *** (0.008 9)	0.068 0 *** (0.008 8)	0.056 2 *** (0.013 3)	0.031 6 *** (0.009 3)	0.044 0 *** (0.009 2)	0.033 2 ** (0.013 1)
treat× year2015	0.068 3 *** (0.009 2)	0.083 5 *** (0.009 2)	0.070 2 *** (0.016 7)	0.040 2 *** (0.009 7)	0.054 6 *** (0.009 6)	0.042 12 ** (0.016 6)
treat× year2016	0.127 9 *** (0.009 7)	0.145 3 *** (0.009 6)	0.130 9 *** (0.019 8)	0.094 1 *** (0.010 1)	0.110 4 *** (0.010 0)	0.096 8 *** (0.019 6)
treat× year2017	0.218 2 *** (0.010 2)	0.238 4 *** (0.010 0)	0.225 1 *** (0.022 5)	0.182 *** (0.010 6)	0.201 1 *** (0.010 4)	0.187 7 *** (0.022 1)
treat× year2018	0.270 9 *** (0.010 8)	0.294 6 *** (0.010 7)	0.278 4 *** (0.024 9)	0.228 7 *** (0.011 4)	0.251 3 *** (0.011 1)	0.235 *** (0.024 4)
treat× year2019	0.290 0 *** (0.011 5)	0.317 2 *** (0.011 4)	0.297 6 *** (0.027 3)	0.243 2 *** (0.012 1)	0.269 2 *** (0.011 8)	0.249 2 *** (0.026 7)
roa	0.014 6 *** (0.000 3)	0.014 5 *** (0.000 4)	0.014 2 *** (0.000 8)	0.015 0 *** (0.000 4)	0.015 0 *** (0.000 4)	0.014 6 *** (0.000 9)

表 5-7(续)

	tfpfe			tfpgmm		
	(1)	(2)	(3)	(1)	(2)	(3)
lnlabor	−0.177 ***	−0.168 ***	−0.215 ***	−0.124 ***	−0.111 4 ***	−0.150 2 ***
	(0.004 8)	(0.004 7)	(0.016 1)	(0.005 0)	(0.004 9)	(0.016 3)
dar	0.007 5 ***	0.007 0 ***	0.006 2 ***	0.006 5 ***	0.006 0 ***	0.005 2 ***
	(0.000 2)	(0.000 2)	(0.000 5)	(0.000 2)	(0.000 2)	(0.000 6)
lnage	0.330 4 ***	0.277 8 ***	0.377 8 ***	0.284 ***	0.230 5 ***	0.316 3 ***
	(0.017 3)	(0.016 9)	(0.048 7)	(0.018 1)	(0.017 6)	(0.045 7)
procash	0.000 8	0.000 8	0.002 1 ***	0.000 7	0.000 6	0.001 8 ***
	(0.000 5)	(0.000 5)	(0.000 5)	(0.000 6)	(0.000 5)	(0.000 4)
topshare	0.003 0 ***	0.002 9 ***	0.003 2 ***	0.003 4 ***	0.003 3 ***	0.003 6 ***
	(0.000 2)	(0.000 2)	(0.006 9)	(0.000 3)	(0.000 2)	(0.000 7)
contant	−0.350 ***	−0.213 ***	−0.097 1	8.606 ***	8.554 ***	8.797 ***
	(0.055 9)	(0.073 8)	(0.159 5)	(0.058 6)	(0.076 3)	(0.154)
year	控制	控制	控制	控制	控制	控制
industry	否	控制	—	否	控制	—
fe	否	否	控制	否	否	控制
N	28 541	28 541	28 541	28 541	28 541	28 541
R^2	0.230 4	0.258 4	0.234 3	0.173 1	0.172 8	0.175 6

注:*** 、** 、* 分别表示在 1%、5%、10%的水平下显著,括号内为标准差。

六、异质性分析

1.基于企业所有权差异

改革开放以来,非国有企业已经成为推动经济发展的重要力量。政策和贸易环境的不确定性增加不但会使得民营企业获取外部融资的难度加大,而且会挤占民营企业既有生产性资源。因此,相对于国有企业而言,民营企业经营活力受政策和贸易环境的不确定性影响更大。制度环境的改善对民营企业的企业绩效影响更大,民营企业的长远发展更需要良好制度环境的保障。在市场化程度以及金融与法律环境越优化的地区,国有企业面临的各方面资源竞争越激烈,而经营灵活、具有创新意识的民营企业更可能取得业绩的提升,外部制度环境的改善更有利于提高民营上市公司的绩效水平。而自由贸易试验区把营造优良投资环境、提升贸易便利化水平作为自由贸易试验区建设的总体要求,尤其在金融创新方面为民营企业提供了融资便利,减少了交易成本。因此,从理论上来说,自由贸易试验区的制度创新降低了政策和贸易的不确定性,优化了营商环境,可能会更大程度地提升民营企业的全要素生产率。那么实际情况是否如此?对于国有企业而言,已有研究显示国有企业扭曲了要素配置,造成较大的效率损失,与非国有企业相比,国有企业占有大量资源而全要素生产率相对较低,阻碍了中国的经济增长。自由贸易试验区的制度创新能否改善国有企业的这一现状?本章进一步对此进行分析。

把中国 A 股上市公司按照企业所有权属性区分为国有企业和非国有企业,进一步基于企业所有权的异质性分析制度创新对企业全要素生产率的影响。结果如表 5-8 所示。在对企业层面特征变量以及时间和行业效应、个体效应进行固定后,分别以 LP 法、FE 法及 GMM 法计算的全要素生产率为被解释变量,在控制时间效应及企业固定效应后非国有企业制度创新 treat ×post 系数分别为 0.017 9、0.017 7、0.017 0,均至少在 10% 水平上显著,即自由贸易试验区的制度创新对于非国有企业全要素生产率有显著的促进作用,而对国有企业全要素生产率提升并无显著影响。自由贸易试验区的成立加快了经济全球化和区域一体化的市场进程,非国有企业相对于国有企业具有其独特的灵活性,能够更快地融入国际市场中。同时自由贸易试验区在贸易投资便利化、金融服务实体经济、人才管理和体制机制等方面的制度创新不但解决了非国有企业,尤其中小企业的融资难问题,增强对人才的吸引以及提升创新能力,提高了生产率,同时为非国有企业"走出去"提供了机会。陈林等[①]研究也表明相对于国有企业而言,非国有企业更有动机利用自由贸易试验区的政策红利。以民营经济大省福建省为例,民营企业作为福建高质量发展落实赶超的重要力量在自由贸易试验区建设中获得了更多的制度红利,特别是融资渠道的拓宽,为提升企业全要素生产率提供了保障。

---

① 陈林,肖倩冰,邹经韬.中国自由贸易试验区建设的政策红利[J].经济学家,2019(12):46-57.

表5-8 基于企业所有权的异质性分析

	lntfplp		tfpfe		tfpgmm	
	(1)国有企业	(2)非国有企业	(1)国有企业	(2)非国有企业	(1)国有企业	(2)非国有企业
treat× post	0.004 0	0.017 9 *	0.005 6	0.017 7 *	0.010 7	0.017 0 *
	(0.012 0)	(0.009 1)	(0.020 3)	(0.009 1)	(0.020 1)	(0.009 2)
roa	0.017 5 ***	0.012 9 ***	0.017 6 ***	0.012 9 ***	0.017 9 ***	0.013 0 ***
	(0.000 7)	(0.000 4)	(0.001 5)	(0.000 4)	(0.001 5)	(0.000 4)
lnlabor	0.198 5 ***	0.255 7 ***	−0.091 9 ***	−0.037 2 ***	−0.261 ***	−0.213 9 ***
	(0.008 5)	(0.006 6)	(0.027 8)	(0.006 8)	(0.027 5)	(0.006 9)
dar	0.007 6 ***	0.006 5 ***	0.007 5 ***	0.006 3 ***	0.007 2 ***	0.005 9 ***
	(0.000 3)	(0.000 2)	(0.000 9)	(0.000 2)	(0.000 9)	(0.000 3)
lnage	−0.095 7 ***	0.348 3 ***	−0.095 9	0.330 3 ***	−0.096 6	0.273 7 ***
	(0.037 2)	(0.043 7)	(0.062 4)	(0.043 8)	(0.061 2)	(0.044 4)
procash	0.012 0 **	0.002 1 ***	0.010 8	0.002 1 ***	0.007 3	0.002 1 **
	(0.005 6)	(0.000 8)	(0.010 7)	(0.000 8)	(0.009 8)	(0.000 8)
topshare	0.004 2 ***	0.003 7 ***	0.004 1 ***	0.003 7 ***	0.003 9 ***	0.003 8 ***
	(0.000 5)	(0.000 3)	(0.001 3)	(0.000 3)	(0.001 3)	(0.000 3)
contant	14.04 ***	12.24 ***	0.471 9 *	−1.26 ***	1.406 ***	−0.087 0
	(0.113 3)	(0.113 7)	(0.256 4)	(0.113 9)	(0.253 1)	(0.115 4)
year	控制	控制	控制	控制	控制	控制
fe	是	是	是	是	是	是
N	10 798	17 743	10 798	17 743	10 798	17 743
R^2	0.375 0	0.488 7	0.113 7	0.111 3	0.248 3	0.267 1
id	1 015	2 484	1 015	2 484	1 015	2 484

注:*** 、** 、* 分别表示在1%、5%、10%的水平下显著,括号内为标准差。

2.基于资本密集度差异

制度环境对企业全要素生产率的作用受资本密集度及行业异质性影响。本章基于资本密集度异质性,分析制度创新对不同资本密集度企业全要素生产率的影响。参考已有研究,资本密集度用资产总额与员工数之比表示。计量结果如表5-9所示。可以看出,在控制了企业层面因素、时间效应、行业效应以及企业个体效应后,以 LP 法、GMM 法以及 FE 法计算的全要素生产率为被解释变量的多期 DID 模型中,非资本密集型企业 treat ×post 系数分别为 0.032、0.0317 以及 0.0292,且均在1%水平上显著。可见制度创新显著提高了非资本密集型企业的全要素生产率,而对于资本密集型企业的全要素生产率作用不显著。自由贸易试验区各个领域的制度创新降低了企业的交易成本,提升企业全要素生产率。从外贸清单行业来看,服务业、制造业、农业等非资本密集行业准入放宽程度更大,因此该类行业的企业绩效受到制度创新影响更大。而资本密集型企业由于自身产品替代性更小,受到国际贸易市场影响更小。非资本密集型企业外贸参与度较高,制度创新政策的实施对于非资本密集型企业影响更大。

表 5-9　基于资本密集度的异质性分析

	lntfplp		tfpfe		tfpgmm	
	(1)资本密集型	(2)非资本密集型	(1)资本密集型	(2)非资本密集型	(1)资本密集型	(2)非资本密集型
treat× post	0.004 0	0.032 0 ***	0.006 0	0.031 7 ***	0.026 4	0.029 2 ***
	(0.023 5)	(0.007 5)	(0.023 5)	(0.007 5)	(0.024 8)	(0.008 0)
roa	0.014 1 ***	0.012 2 ***	0.014 2 ***	0.012 3 ***	0.014 5 ***	0.012 8 ***
	(0.001 1)	(0.000 3)	(0.001 1)	(0.000 4)	(0.001 2)	(0.000 4)
lnlabor	0.192 2 ***	0.327 6 ***	−0.101 ***	0.034 7 ***	−0.220 5 ***	−0.081 9 ***
	(0.018 1)	(0.005 9)	(0.018 1)	(0.005 9)	(0.019 2)	(0.006 3)
dar	0.009 6 ***	0.005 7 ***	0.009 4 ***	0.005 6 ***	0.008 0 ***	0.004 2 ***
	(0.000 7)	(0.000 2)	(0.000 7)	(0.000 2)	(0.000 7)	(0.000 2)
lnage	0.275 2 **	0.032 9	0.270 0 **	0.025 6	0.217 0 *	−0.048 0
	(0.111 0)	(0.027 9)	(0.111 0)	(0.027 9)	(0.117 5)	(0.029 7)
procash	0.003 4 ***	0.000 3	0.003 4 ***	0.000 3	0.002 8 **	0.000 1
	(0.001 1)	(0.001 6)	(0.001 2)	(0.001 6)	(0.001 2)	(0.001 7)
topshare	0.005 0 ***	0.001 7 ***	0.005 1 ***	0.001 7 ***	0.005 5 ***	0.002 2 ***
	(0.000 8)	(0.000 3)	(0.000 8)	(0.000 3)	(0.000 9)	(0.000 3)

表 5-9(续)

	lntfplp		tfpfe		tfpgmm	
	(1)资本密集型	(2)非资本密集型	(1)资本密集型	(2)非资本密集型	(1)资本密集型	(2)非资本密集型
contant	13.16 ***	12.71 ***	−0.390	−0.823 6 ***	9.458 ***	9.158 6 ***
	(0.293 8)	(0.079 0)	(0.293 8)	(0.079 0)	(0.310 9)	(0.084 0)
year	控制	控制	控制	控制	控制	控制
fe	控制	控制	控制	控制	控制	控制
N	6 229	22 312	6 229	22 312	6 229	22 312
R^2	0.277 9	0.510 8	0.224 9	0.252 6	0.118 4	0.193
id	2 359	3 181	2 359	3 181	2 359	3 181

注：*** 、** 、* 分别表示在 1%、5%、10%的水平下显著,括号内为标准差。

七、安慰剂检验

基于安慰剂检验的反事实思想,把政策时间前推 3 年,即假设第一批至第五批自由贸易试验区设立的时间分别为 2010 年、2012 年、2014 年、2015 年和 2016 年,前推 3 年的虚拟制度创新变量以 treat×post_3 表示。按照模型(5.1)进行检验。如果企业全要素生产率的提高是由制度创新所导致的,则假设制度创新政策提前 3 年不会对企业全要素生产率产生影响;反之,若政策冲击时间前推 3 年后仍然显示企业全要素生产率随着虚拟政策冲击的实施而提升,则原结论不成立,即可能存在其他因素使得企业全要素生产率提升,而非制度创新。多期 DID 模型安慰剂检验结果如表 5-10 所示。结果显示,无论是以 LP 法计算的全要素生产率,或是以 FE 和 GMM 法计算的全要素生产率,在假设自由贸易试验区设立时间前推 3 年后统计上并没有受到显著影响,由此可以证明实际自由贸易试验区的制度创新确实提升了该地区企业全要素生产率。模型通过安慰剂检验。

表 5-10　安慰剂检验结果

	lntfplp			tfpfe			tfpgmm		
	(1)	(2)	(3)	(1)	(2)	(3)	(1)	(2)	(3)
treat×post_3	-0.007 3	-0.008 7	-0.003 3	-0.007 5	-0.008 9	-0.003 9	-0.009 6	-0.010 1	-0.009 4
	(0.007 3)	(0.007 2)	(0.007 4)	(0.007 3)	(0.007 2)	(0.012 9)	(0.007 7)	(0.007 6)	(0.013 5)
roa	0.014 3 ***	0.014 2 ***	0.013 9 ***	0.014 3 ***	0.014 3 ***	0.014 0 ***	0.014 9 ***	0.014 9 ***	0.014 5 ***
	(0.000 3)	(0.000 3)	(0.000 3)	(0.000 3)	(0.000 3)	(0.000 8)	(0.000 4)	(0.000 4)	(0.000 9)
lnlabor	0.290 7 ***	0.297 6 ***	0.244 8 ***	-0.003 2	0.004 2	-0.047 5 ***	-0.129 5 ***	-0.117 2 ***	-0.157 6 ***
	(0.004 8)	(0.004 7)	(0.005 3)	(0.004 8)	(0.004 7)	(0.016 3)	(0.005 0)	(0.004 9)	(0.016 3)
dar	0.008 4 ***	0.007 9 ***	0.007 1 ***	0.008 3 ***	0.007 7 ***	0.007 0 ***	0.006 8 ***	0.006 3 ***	0.005 6 ***
	(0.000 2)	(0.000 2)	(0.000 2)	(0.000 2)	(0.000 2)	(0.000 5)	(0.000 2)	(0.000 2)	(0.000 6)
lnage	0.209 6 ***	0.150 0 ***	0.093 6 ***	0.203 3 ***	0.144 2 ***	0.085 3	0.138 9 ***	0.085 5 ***	0.001 4
	(0.019 4)	(0.019 0)	(0.028 2)	(0.019 4)	(0.019 0)	(0.060 1)	(0.020 4)	(0.019 6)	(0.056 3)
procash	0.001 0 *	0.000 9 *	0.002 4 ***	0.001 0 *	0.000 9 *	0.002 4 ***	0.000 8	0.000 7	0.002 0 ***
	(0.000 5)	(0.000 5)	(0.000 8)	(0.000 5)	(0.000 5)	(0.000 6)	(0.000 6)	(0.000 5)	(0.000 4)
topshare	0.002 4 ***	0.002 3 ***	0.002 6 ***	0.002 5 ***	0.002 3 ***	0.002 6 ***	0.003 0 ***	0.002 9 ***	0.003 0 ***
	(0.000 2)	(0.000 2)	(0.000 3)	(0.000 2)	(0.000 2)	(0.000 7)	(0.000 3)	(0.000 2)	(0.000 7)
contant	12.41 ***	12.67 ***	13.13 ***	-1.120 2 ***	-0.887 5 ***	-0.410 7 **	8.919 8 ***	8.862 4 ***	9.536 8 ***
	(0.058 8)	(0.076 3)	(0.078 4)	(0.058 8)	(0.076 1)	(0.180 1)	(0.061 9)	(0.078 4)	(0.174 2)
year	否	控制	控制	否	控制	控制	控制	控制	控制
industry	否	控制	—	否	控制	—	否	控制	—
fe	否	否	控制	否	否	控制	否	否	控制
N	28 541	28 541	28 541	28 541	28 541	28 541	28 541	28 541	28 541
R²	0.431 8	0.432 4	0.435 6	0.088 5	0.088 8	0.093 6	0.184 2	0.184 6	0.187 7

注:***、**、*分别表示在 1%、5%、10%的水平下显著,括号内为标准差。

八、消除选择性偏差

在运用 DID 模型检验政策效果时,应尽可能使得处理组和控制组个体特征趋于一致,而本书的研究对象为不同地区的微观企业,涵盖了各个行业。因此,为了使得实验组和控制组在各个方面特征尽可能地相似,要选择与实验组特征尽可能相似的企业作为控制组。为此,利用倾向得分匹配法(PSM)来消除样本选择偏差,进一步采用 PSM-DID 方法估计,既解决了内生性问题,又消除了样本选择偏差,这也可以使得处理组与控制组满足共同趋势假设。在运用 PSM-DID 方法时,通过是否是自由贸易试验区所在地区企业的虚拟变量对控制变量进行 Logit 回归,得到倾向得分值。倾向得分值最接近的即为实验组的配对企业,通过这种方法可以最大程度减少不同地区企业在全要素生产率水平上存在的系统性差异,从而减少 DID 估计偏误。

在进行 PSM-DID 估计前,还需要进行模型有效性检验。共同支撑假设检验的目的在于考察实验组和控制组协变量的均值在匹配后是否具有显著差异。图 5-2 给出了处理组和控制组特征变量在匹配前后的标准化偏差。匹配后各变量的标准化偏差基本在 0 附近(小于 10%),处理组和控制组的数据得到了均衡,解决了两组企业在个体特征上的系统性差异。

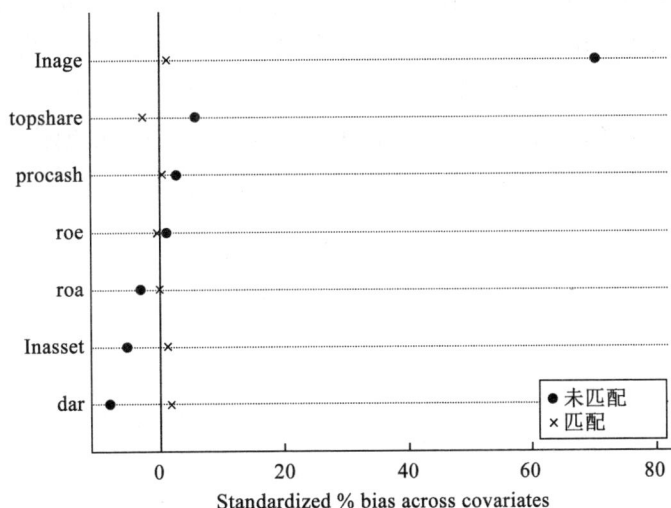

图 5-2　特征变量标准化偏差

以条形图来显示倾向得分的共同取值范围如图 5-3 所示。可以直观看出,大多数观察值均在共同取值范围内(On support),故在进行倾向得分匹配时仅会损失少量样本。验证了 PSM-DID 方法的可行性和合理性。

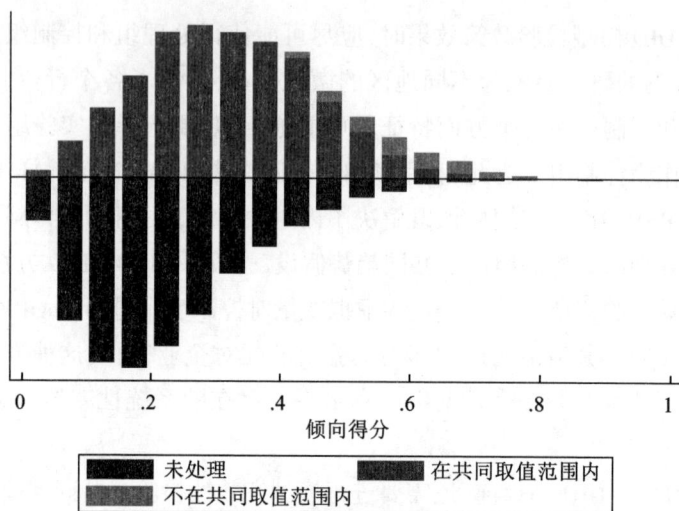

图 5-3 匹配变量共同取值范围

PSM-DID 估计结果如表 5-11 所示。表中可以看出,无论是以 LP 法计算的全要素生产率还是以 FE 法及 GMM 法计算的企业全要素生产率,在对企业层面特征变量、时间、行业固定效应控制后,PSM-DID 法回归 treat×post 项系数分别为 0.026 5、0.026 9 和 0.030 7,且均在 5% 的水平上显著为正,系数值大小相近。由此可见在利用 PSM-DID 法排除处理组与控制组企业的个体特征差异之后,研究结论依然成立。PSM-DID 回归结果验证了自由贸易试验区的制度创新显著地提高了处理组企业的全要素生产率,这些结果与前文结论一致。

表5-11　PSM-DID 结果

	lntfplp (1)	lntfplp (2)	lntfplp (3)	tfpfe (1)	tfpfe (2)	tfpfe (3)	tfpgmm (1)	tfpgmm (2)	tfpgmm (3)
treat×post	0.019 7 **	0.017 3 **	0.026 5 **	0.020 7 ***	0.018 2 **	0.026 9 **	0.030 4 ***	0.027 4 ***	0.030 7 **
	(0.007 7)	(0.007 6)	(0.013 2)	(0.007 7)	(0.007 6)	(0.013 2)	(0.008 1)	(0.008 0)	(0.013 7)
roa	0.014 5 ***	0.014 5 ***	0.014 3 ***	0.014 6 ***	0.014 6 ***	0.014 3 ***	0.015 3 ***	0.015 3 ***	0.014 9 ***
	(0.000 4)	(0.000 4)	(0.000 9)	(0.000 4)	(0.000 4)	(0.000 9)	(0.000 4)	(0.000 4)	(0.000 9)
lnlabor	0.283 6 ***	0.291 6 ***	0.233 1 ***	-0.010 2 **	-0.001 7	-0.059 0 ***	-0.136 0 ***	-0.122 7 ***	-0.167 5 ***
	(0.004 9)	(0.004 9)	(0.016 8)	(0.004 9)	(0.004 9)	(0.016 7)	(0.005 2)	(0.005 1)	(0.016 5)
dar	0.008 6 ***	0.008 0 ***	0.007 3 ***	0.008 4 ***	0.007 9 ***	0.007 2 ***	0.006 9 ***	0.006 44 ***	0.005 8 ***
	(0.000 2)	(0.000 2)	(0.000 5)	(0.000 2)	(0.000 2)	(0.000 5)	(0.000 2)	(0.000 2)	(0.000 6)
lnage	0.222 3 ***	0.162 5 ***	0.093 1	0.216 ***	0.157 ***	0.085 0	0.154 ***	0.098 9 ***	0.002 63
	(0.020 2)	(0.019 8)	(0.062 2)	(0.020 2)	(0.019 7)	(0.061 4)	(0.021 2)	(0.020 3)	(0.056 8)
procash	0.002 1 ***	0.002 3 ***	0.002 4 ***	0.002 1 **	0.002 2 **	0.002 3 ***	0.001 6 *	0.001 8 **	0.001 9 ***
	(0.000 8)	(0.000 8)	(0.000 6)	(0.000 8)	(0.000 8)	(0.000 6)	(0.000 9)	(0.000 9)	(0.000 4)
topshare	0.002 5 ***	0.002 3 ***	0.002 8 ***	0.002 5 ***	0.002 4 ***	0.002 8 ***	0.003 1 ***	0.002 9 ***	0.003 2 ***
	(0.000 3)	(0.000 3)	(0.000 7)	(0.000 3)	(0.000 2)	(0.000 7)	(0.000 3)	(0.000 3)	(0.000 7)
Contant	12.42 ***	12.65 ***	13.21 ***	-1.108 ***	-0.910 ***	-0.331 *	8.921 ***	8.837 ***	9.597 ***
	(0.061 2)	(0.078 4)	(0.186)	(0.061 1)	(0.078 2)	(0.184)	(0.064 2)	(0.080 4)	(0.176)
year	控制	控制	控制	控制	控制	控制	控制	控制	控制
industry	否	控制	—	否	控制	—	否	控制	—
fe	否	否	控制	否	否	控制	否	否	控制
N	26 516	26 516	26 516	26 516	26 516	26 516	26 516	26 516	26 516
R²	0.427 3	0.427 9	0.431 7	0.091 7	0.091 9	0.098 0	0.186 8	0.187 2	0.190 9
id	3 333	3 333	3 333	3 333	3 333	3 333	3 333	3 333	3 333

注：***，**，*分别表示在1%、5%、10%的水平下显著，括号内为标准差。

第三节　制度创新对企业劳动生产率的影响

随着制度创新引起交易成本的下降,企业非生产性支出随之降低,从而提高企业运营效率,提高企业劳动生产率。本章以劳动生产率作为企业绩效的另一指标,进一步考察制度创新对企业劳动生产率的影响。

一、模型设定、变量选择与数据来源

1.模型设定

考虑到自由贸易试验区是制度型开放的载体,以制度创新为核心,仍然以自由贸易试验区的设立作为制度创新的准自然实验。根据多期双重差分模型的原理设计如下模型对自由贸易试验区的制度创新对企业劳动生产率进行识别:

$$\text{lnlp}_{it} = \alpha_0 + \alpha_1(\text{treat}_i \times \text{post}_{it}) + \beta X_{it} + \lambda_t + \mu_i + \text{industry}_j + \varepsilon_{it} \quad (5-4)$$

其中 lnlp_{it} 代表企业劳动生产率;其他变量含义同前文。依据多期 DID 模型原理,重点关注 $\text{treat}_i \times \text{post}_{it}$ 的系数,它代表剔除了其他干扰因素后,自由贸易试验区的制度创新对地区企业劳动生产率的影响。

进一步地,考虑到自由贸易试验区对微观企业劳动生产率的动态影响,利用模型(5-5)来识别自由贸易试验区制度创新对企业劳动生产率的动态影响:

$$\text{lnlp}_{it} = \sum_{t=2013}^{2019} \theta_t \times (\text{treat}_i + \text{year}_t) + \beta X_{it} + \lambda_t + \mu_i + \text{industry}_j + \varepsilon_{it}$$

$$(5-5)$$

其中,year_t 是年度虚拟变量,t 取值为 2013-2019 年,θ_t 是重点关心的系数,可以用来识别自由贸易试验区的制度创新对地区企业劳动生产率的动态效应和变化趋势,其他各项定义与模型(5-2)相同。

2.变量选择

(1)被解释变量,劳动生产率。参考已有研究,用上市公司人均主营业务收入计算的劳动生产率表示,具体用主营业务收入与员工人数的比值来表示。

(2)解释变量,制度创新政策。用 treat ×post 表示因个体处理期而异的政策虚拟变量,其含义与前文相同。

(3)控制变量。参考已有研究,对上市公司企业规模、资本结构、企业年龄、财务杠杆和职工薪酬,资本密集度和股权集中度进行了控制。其中,企业规模以企业员工的自然对数表示;资本结构以企业资产负债率表示;企业年龄以企业成立时间的自然对数表示;财务杠杆以流动负债合计与总资产比值表示;职工薪酬以应付职工薪酬占总资产的比值衡量;资本密集度以固定资产与员工总数衡量;股权集中度以前十大股东股份占比表示。

（三）数据来源

以2008—2019年A股上市公司为研究对象,数据来源于Wind数据库。参考已有研究,剔除金融类公司、ST公司以及主要核心变量缺失的企业样本,最终获得3 337个企业,26 900个有效样本。为了避免极端值对估计结果的干扰,对主要连续型变量在1%分位两端进行了缩尾处理并取对数。各变量的描述性统计如表5-12所示。

表 5-12　变量描述性统计

变量	变量名称	均值	标准差	最小	最大	观察数
treat×post	制度创新	0.28	0.45	0.00	1.00	28 541
lnld	劳动生产率	13.667	0.891	9.865	19.073	28 541
lnlabor	企业规模	7.53	1.03	5.79	9.09	28 541
dar	资本结构	44.04	78.57	−19.47	9 695.93	28 541
lnage	企业年龄	2.77	0.37	0	4.16	28 541
lev	财务杠杆	0.8874	15.039	0.00	2 103.124	27 078
es	职工薪酬	0.025	0.499 5	0.00	64.449	26 900
lnkl	资本密集度	12.477	1.210	4.127	21.984	28 539
topshare	股权集中度	59.73	16.12	1.32	101.16	28 541

二、平行趋势检验

双重差分模型的原理是基于反事实框架来评估政策发生和不发生这两种情景下被观测变量的变化。因此,运用双重差分模型首先进行"平行趋势"假设检验。对上市公司劳动生产率进行平行趋势检验,结果如图5-4所示。

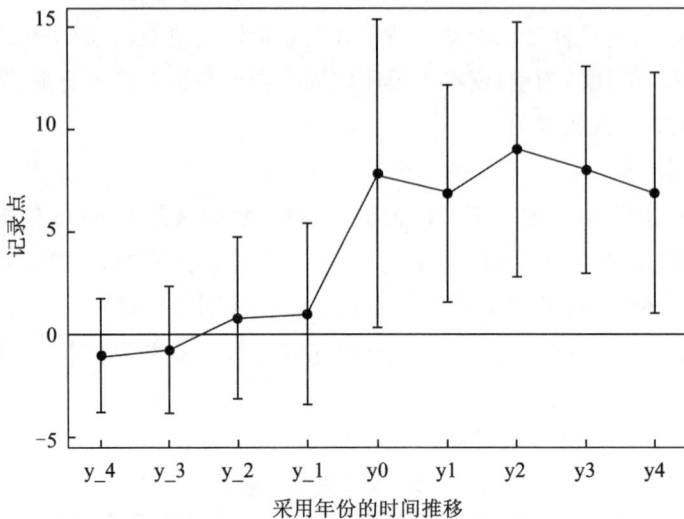

图 5-4　劳动生产率的平行趋势检验

　　劳动生产率的平行趋势检验结果显示制度创新政策冲击之前的系数在 0 附近波动,不显著为非零,从 y0 开始,即政策冲击之后的系数显著异于 0。因此通过平行趋势检验,可以进一步采用多期双重差分模型检验制度创新对企业劳动生产率的影响。

三、多期 DID 结果

1.静态结果分析

　　根据模型(5-4)考察制度创新对企业劳动生产率的影响,结果如表 5-13 所示。仅控制时间效应以及固定效应时,制度创新对劳动生产率有显著的推动作用,treat ×post 系数为 0.189 1 且在 1% 水平上显著。加入控制变量并控制行业特征,制度创新仍然显著提升劳动生产率,系数为 0.018 1,且在 5% 水平上显著。进一步控制省份变量,系数提升至 0.021 2,显著性不变。对固定效应控制后,系数和显著性都没有发生改变。可见,自由贸易试验区的制度创新确实显著提高了所在地区的企业劳动生产率。自由贸易试验区通过一系列制度创新进一步提升营商环境,简政放权,简化流程,能够直接提升企业劳动生产率。

表 5-13 制度创新对企业劳动生产率的影响

	lnld			
	（1）	（2）	（3）	（4）
treat×post	0.189 1 ***	0.018 1 **	0.021 2 **	0.021 2 **
	(0.007 5)	(0.008 7)	(0.009 0)	(0.009 0)
lnlabor		-0.445 1 ***	-0.445 ***	-0.490 ***
		(0.005 7)	(0.005 8)	(0.006 6)
dar		0.005 4 ***	0.005 ***	0.004 ***
		(0.000 2)	(0.000 2)	(0.000 2)
lnage		0.159 5 ***	0.167 ***	0.038 9
		(0.022 7)	(0.022 8)	(0.034 3)
lev		-0.001 1 ***	-0.001 1 ***	-0.001 1 ***
		(0.000 3)	(0.000 3)	(0.000 3)
es		0.017 4 *	0.017 4 *	0.018 8 ***
		(0.009)	(0.009 1)	(0.009)
lnkl		0.183 7 ***	0.182 ***	0.171 ***
		(0.004)	(0.004)	(0.004 3)
topshare		0.001 8 ***	0.001 7 ***	0.002 2 ***
		(0.000 3)	(0.000 2)	(0.000 3)
contant	13.61 ***	13.679 5 ***	13.829 ***	14.52 ***
	(0.003 4)	(0.107 4)	(0.111 9)	(0.111 8)
year	是	控制	控制	控制
industry	—	控制	控制	—
province	—	—	控制	—
f	—	—	—	是
N	28 541	26 900	26 900	26 900
R²	0.024 4	0.319 1	0.319 1	0.296 7
Number of id	3 337	3 337	3 337	3 337

注：*** 、** 、* 分别表示在 1%、5%、10%的水平下显著，括号内为标准差。

（二）动态效应检验

为了进一步考察制度创新对企业劳动生产率的动态影响,按照模型(5-5)对此进行检验,结果如表5-14所示。在控制了企业层面特征变量、行业特征及省份特征后,系数由2013年的0.032增大至2019年的0.279。随着制度创新政策冲击的年份越久,其对企业劳动生产率产生的影响越大,显著性提高。这一结果与制度创新促进企业全要素生产率的动态效应呈现出一致性特征。

表5-14 制度创新对劳动生产率的动态影响

	lnld			
	（1）	（2）	（3）	（4）
treat×year2013	0.015 6	0.025 **	0.024 **	0.032 **
	(0.010 0)	(0.010 0)	(0.010 0)	(0.012 7)
treat×year2014	0.028 ***	0.041 ***	0.040 ***	0.05 ***
	(0.010 3)	(0.010 3)	(0.010 3)	(0.016 7)
treat×year2015	0.037 ***	0.052 ***	0.051 ***	0.066 ***
	(0.010 7)	(0.010 7)	(0.010 7)	(0.020 7)
treat×year2016	0.100 6 ***	0.118 ***	0.116 ***	0.136 ***
	(0.011 3)	(0.011 3)	(0.011 3)	(0.024 8)
treat×year2017	0.189 8 ***	0.210 ***	0.208 ***	0.234 ***
	(0.012 0)	(0.011 8)	(0.011 9)	(0.028 0)
treat×year2018	0.223 7 ***	0.248 ***	0.245 ***	0.274 ***
	(0.012 7)	(0.012 6)	(.0126)	(0.031 0)
treat×year2019	0.244 3 ***	0.269 ***	0.266 ***	0.279 ***
	(0.014 6)	(0.014 5)	(0.014 6)	(0.033 8)
lnlabor	−0.452 9 ***	−0.440 9 ***	−0.440 8 ***	−0.483 4 ***
	(0.005 7)	(0.005 7)	(0.005 7)	(0.021 4)
dar	0.005 8 ***	0.005 1 ***	0.005 1 ***	0.004 5 ***
	(0.000 2)	(0.000 2)	(0.000 2)	(0.000 6)
lnage	0.322 5 ***	0.264 9 ***	0.270 2 ***	0.293 ***
	(0.020 4)	(0.020 1)	(0.020 1)	(0.060 1)

表 5-14(续)

	lnld			
	（1）	（2）	（3）	（4）
lev	−0.001 0 ***	−0.001 0 ***	−0.001 0 ***	−0.001 0 **
	(0.000 3)	(0.000 3)	(0.000 3)	(0.000 4)
es	0.014 9 *	0.016 4 **	0.016 4 *	0.016 8
	(0.009 1)	(0.009 1)	(0.009 1)	(0.012 1)
lnkl	0.176 4 ***	0.183 2 ***	0.182 1 ***	0.169 6 ***
	(0.003 9)	(0.004 0)	(0.004)	(0.015 6)
topshare	0.002 1 ***	0.002 0 ***	0.002 0 ***	0.002 5 ***
	(0.000 2)	(0.000 2)	(0.000 2)	(0.000 8)
contant	13.462 6 ***	13.461 ***	13.624 ***	13.93 ***
	(0.084 3)	(0.105 0)	(0.109 4)	(0.284 9)
year	是	是	是	是
Industry	否	控制	控制	否
province	否	否	控制	否
fe	否	否	否	控制
N	26 900	26 900	26 900	26 900
R^2	0.313 0	0.313 4	0.313 4	0.315 1
Number of id	3 337	3 337	3 337	3 337

注:*** 、** 、* 分别表示在 1%、5%、10%的水平下显著,括号内为标准差。

四、稳健性检验

参考已有文献,以上市公司人均营业收入替代人均主营业务收入计算的劳动生产率作为被解释变量,对以上模型进行稳健性检验。具体而言,以上市公司营业收入与员工总数比值表示的人均营业收入作为企业劳动生产率,取对数后作为被解释变量,用 lnldin 表示。多期 DID 模型回归结果如表 5-15 所示。在控制企业层面因素、时间效应、行业效应以及企业个体效应后,treat×post 系数为 0.019,且在5%水平上显著,稳健性结果显示自由贸易试验区的制度创新确实提升了企业劳动生产率。回归结果与原模型系数接近,显著性相同,结果稳健。

表 5-15　制度创新对劳动生产率影响的稳健性检验

	lnldin			
	（1）	（2）	（3）	（4）
treat×post	0.186 ***	0.016 *	0.019 3 **	0.019 **
	(0.007 5)	(0.008 6)	(0.008 9)	(0.008 9)
lnlabor		−0.458 ***	−0.458 ***	−0.506 ***
		(0.005 7)	(0.005 7)	(0.006 6)
dar		0.005 46 ***	0.005 5 ***	0.004 9 ***
		(0.000 2)	(0.000 2)	(0.000 2)
lnage		0.150 ***	0.157 ***	0.002 5
		(0.022 4)	(0.022 4)	(0.033 9)
lev		−0.000 9 ***	−0.000 9 ***	−0.000 9 ***
		(0.000 2)	(0.000 3)	(0.000 3)
es		0.014 4	0.014 4	0.016 0 *
		(0.009 0)	(0.009 0)	(0.008 9)
lnkl		0.182 ***	0.181 ***	0.167 ***
		(0.004 0)	(0.004 0)	(0.004 3)
topshare		0.002 5 ***	0.002 5 ***	0.002 9 ***
		(0.000 3)	(0.000 3)	(0.000 3)
contant	13.66 **	13.825 ***	13.98 ***	14.77 ***
	(0.003 4)	(0.105 8)	(0.110 2)	(0.110 3)
year	是	控制	控制	控制
industry	—	控制	控制	—
province	—	—	控制	—
fe	—	—	—	是
N	28 541	26 900	26 900	26 900
R^2	0.023 7	0.331 9	0.331 9	0.334 9
Number of id	3 499	3 337	3 337	3 337

注：*** 、** 、* 分别表示在 1%、5%、10%的水平下显著，括号内为标准差。

　　进一步地,对制度创新影响企业劳动生产率的动态模型进行稳健性检验。替换被解释变量,以人均营业收入 lnldin 替代人均主营业务收入 lnld 表示劳动生产率,进行动态效应稳健性检验,动态模型(5-5)的稳健性检验结果如表5-16所示。在控制企业层面因素、时间效应、行业效应以及企业个体效应后动态效应系数逐年增加,动态效应由 2013 年的 0.037 5 提高到 2019 年的 0.303,结果显示自由贸易试验区的制度创新确实逐年提升了劳动生产率。动态效应结果与原模型系数接近,显著性相同,结果稳健。

表 5-16　制度创新对劳动生产率动态影响的稳健性检验

	lnldin			
	(1)	(2)	(3)	(4)
treat×year2013	0.017 9 *	0.027 5 ***	0.026 6 ***	0.037 5 ***
	(0.009 9)	(0.009 9)	(0.009 9)	(0.012 5)
treat×year2014	0.030 1 ***	0.043 3 ***	0.042 2 ***	0.056 6 ***
	(0.010 3)	(0.010 2)	(0.010 2)	(0.016 5)
treat×year2015	0.038 4 ***	0.053 8 ***	0.052 4 ***	0.072 2 ***
	(0.010 7)	(0.010 6)	(0.010 7)	(0.020 5)
treat×year2016	0.103 ***	0.120 ***	0.119 ***	0.144 ***
	(0.011 3)	(0.011 2)	(0.011 2)	(0.024 6)
treat×year2017	0.193 ***	0.214 ***	0.212 ***	0.246 ***
	(0.011 9)	(0.011 7)	(0.011 7)	(0.027 6)
treat×year2018	0.229 ***	0.253 ***	0.251 ***	0.289 ***
	(0.012 6)	(0.012 5)	(0.012 5)	(0.030 6)
treat×year2019	0.261 ***	0.286 ***	0.284 ***	0.303 ***
	(0.014 6)	(0.014 4)	(0.014 4)	(0.033 3)
lnlabor	−0.466 ***	−0.453 ***	−0.454 ***	−0.500 ***
	(0.005 7)	(0.005 7)	(0.005 7)	(0.021 0)
dar	0.005 9 ***	0.005 2 ***	0.005 2 ***	0.004 6 ***
	(0.000 2)	(0.000 2)	(0.000 2)	(0.000 6)
lnage	0.321 ***	0.262 ***	0.267 ***	0.282 ***
	(0.020 2)	(0.019 9)	(0.019 9)	(0.059 0)

表 5-16(续)

	lnldin			
	(1)	(2)	(3)	(4)
lev	-0.000 8 ***	-0.000 9 ***	-0.000 9 ***	-0.000 8 *
	(0.000 3)	(0.000 3)	(0.000 3)	(0.000 4)
es	0.011 8	0.013 4	0.013 4	0.013 9
	(0.009 0)	(0.009 0)	(0.009 0)	(0.011 7)
lnkl	0.175 ***	0.182 ***	0.180 ***	0.166 ***
	(0.003 9)	(0.004 0)	(0.004 0)	(0.015 5)
topshare	0.002 9 ***	0.002 8 ***	0.002 8 ***	0.003 4 ***
	(0.000 3)	(0.000 3)	(0.000 3)	(0.000 8)
contant	13.58 ***	13.60 ***	13.76 ***	14.13 ***
	(0.083 3)	(0.104)	(0.108)	(0.281)
industry	否	控制	控制	否
province	否	否	控制	否
fe	否	否	否	控制
N	26 900	26 900	26 900	26 900
R^2	0.325 1	0.325 6	0.325 6	0.327 7
Number of id	3 337	3 337	3 337	3 337

注: *** 、** 、* 分别表示在 1%、5%、10%的水平下显著,括号内为标准差。

五、安慰剂检验

双重差分模型的政策效应是否由政策冲击引起,还需要进一步进行安慰剂检验。本章对各自由贸易试验区制度创新政策时间前推 3 年来进行安慰剂检验。如果企业劳动生产率的提高是由制度创新所导致的,则假设制度创新政策提前 3 年不会对企业劳动生产率产生影响;反之,若冲击时间前推 3 年后仍然显示企业劳动生产率随着虚拟政策冲击的实施而提升,则原结论不成立,即可能存在其他因素使得企业劳动生产率提升,而非制度创新。具体设计如下,即假设第一批至第五批自由贸易试验区设立的时间分别为 2010 年、2012 年、2014 年、2015 年和 2016 年。安慰剂检验结果如表 5-17 所示。在将制度创新政策时间前推 3 年后的制度创新变量 treat×post_3 并没有显著影响企业劳动生产率。可见,企业劳动生产率的提升确实由制度创新所引起,与原结论一致。

表 5-17 制度创新影响劳动生产率的安慰剂检验

	lnld			
	(1)	(2)	(3)	(4)
treat×post_3	0.013 4	0.010 8	0.013 6	0.013 3
	(0.008 6)	(0.008 6)	(0.008 9)	(0.015 0)
lnlabor	−0.456 ***	−0.445 ***	−0.445 ***	−0.489 ***
	(0.005 8)	(0.005 8)	(0.005 8)	(0.021 4)
dar	0.006 0 ***	0.005 4 ***	0.005 4 ***	0.004 9 ***
	(0.000 2)	(0.000 2)	(0.000 2)	(0.000 6)
lnage	0.226 ***	0.158 ***	0.165 ***	0.035 2
	(0.023 2)	(0.022 7)	(0.022 8)	(0.078 8)
lev	−0.001 1 ***	−0.001 1 ***	−0.001 1 ***	−0.001 1 **
	(0.000 3)	(0.000 3)	(0.000 3)	(0.000 4)
es	0.015 8 *	0.017 5 *	0.017 5 *	0.018 9
	(0.009 1)	(0.009 1)	(0.009 1)	(0.012 1)
lnkl	0.177 ***	0.183 ***	0.182 ***	0.170 ***
	(0.004 0)	(0.004 0)	(0.004 0)	(0.015 6)
topshare	0.002 0 ***	0.001 8 ***	0.001 7 ***	0.002 2 ***
	(0.000 3)	(0.000 3)	(0.000 3)	(0.000 8)
contant	13.66 ***	13.682 9 ***	13.836 1 ***	14.522 6 ***
	(0.105 8)	(0.107 4)	(0.111 8)	(0.314 1)
year	控制	控制	控制	—
industry	否	控制	控制	—
province	否	否	控制	—
fe	否	否	否	控制
N	26 900	26 900	26 900	26 900
R^2	0.318 2	0.319 0	0.319 0	0.321 4
Number of id	3 337	3 337	3 337	3 337

注:*** 、** 、* 分别表示在 1%、5%、10%的水平下显著,括号内为标准差。

六、消除选择性偏差

本章进一步采用倾向得分匹配法(PSM)来消除样本选择偏差。通过是否是自由贸易试验区所在地区企业的虚拟变量对控制变量进行 Logit 回归,得到倾向得分值,与倾向得分值最接近的企业就是与实验组企业配对后的对照企业。处理组和控制组特征变量在匹配前后的标准化偏差以图 5-5 所示。匹配后各变量的标准化偏差基本在 0 附近(小于 10%)。经过 PSM 配比之后,处理组和控制组的数据得到了均衡,很好地解决了两组企业在个体特征上的系统性差异。倾向得分匹配后协变量的离散度下降。

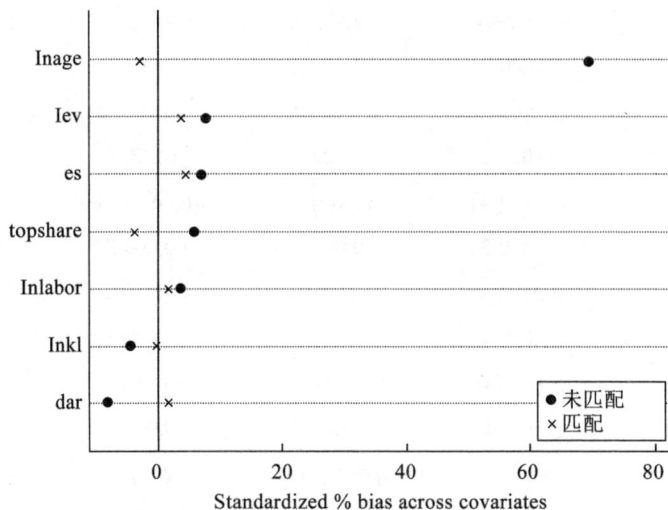

图 5-5　特征变量标准化偏差

图 5-6 以条形图来显示倾向得分的共同取值范围,可以直观看出,大多数观察值均在共同取值范围内,故在进行倾向得分匹配时仅会损失少量样本。匹配效果较好,采用 PSM-DID 方法是合理的。

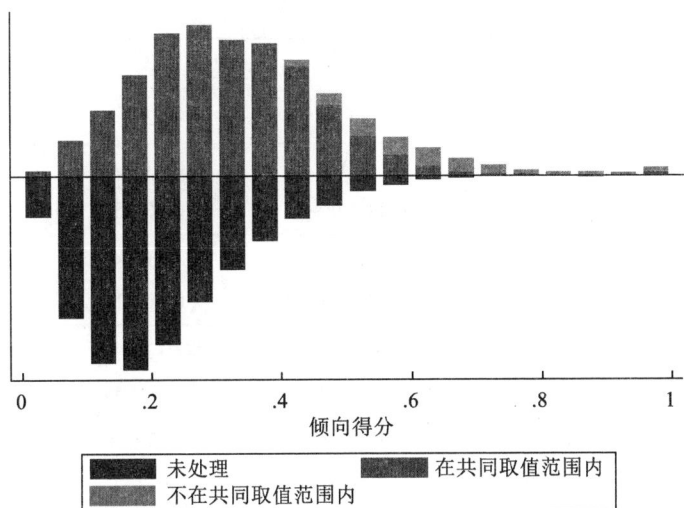

图 5-6 共同取值范围

PSM-DID 检验结果如表 5-18 所示。匹配后的结果显示制度创新仍然显著促进企业劳动生产率的提高,在控制时间效应、行业效应、省份层面后结论依然成立,固定效应模型显示制度政策交乘项系数为 0.023 9 且在 1% 水平上显著成立。结论稳健。

表 5-18 制度创新影响劳动生产率的 PSM-DID 结果

	lnld			
	(1)	(2)	(3)	(4)
treat×post	0.023 0 **	0.020 5 **	0.023 1 **	0.023 9 ***
	(0.008 9)	(0.008 9)	(0.009 2)	(0.009 2)
lnlabor	−0.458 ***	−0.446 ***	−0.446 ***	−0.492 ***
	(0.005 8)	(0.005 8)	(0.005 8)	(0.006 7)
dar	0.006 0 ***	0.005 3 ***	0.005 3 ***	0.004 8 ***
	(0.000 2)	(0.000 2)	(0.000 2)	(0.000 2)
lnage	0.231 ***	0.163 ***	0.170 ***	0.031 5
	(0.023 3)	(0.022 8)	(0.022 9)	(0.034 7)
lev	−0.000 8 **	−0.000 9 ***	−0.000 8 ***	−0.000 8 ***
	(0.000 3)	(0.000 3)	(0.000 3)	(0.000 3)

表 5-18(续)

	lnld			
	(1)	(2)	(3)	(4)
es	0.011 6	0.013 2	0.013 2	0.014 8
	(0.009 5)	(0.009 4)	(0.009 5)	(0.009 4)
lnkl	0.177 ***	0.184 ***	0.183 ***	0.171 ***
	(0.004 0)	(0.004 1)	(0.004 1)	(0.004 4)
topshare	0.001 8 ***	0.001 7 ***	0.001 6 ***	0.002 0 ***
	(0.000 3)	(0.000 3)	(0.000 3)	(0.000 3)
contant	13.67 ***	13.69 ***	13.85 ***	14.56 ***
	(0.088 4)	(0.108)	(0.113)	(0.113)
year	控制	控制	控制	—
industry	否	控制	控制	—
province	否	否	控制	—
fe	否	否	否	控制
N	26 215	26 215	26 215	26 215
R^2	0.323 9	0.324 8	0.324 8	0.327 4
Number of id	3 326	3 326	3 326	3 326

注:*** 、** 、* 分别表示在 1%、5%、10%的水平下显著,括号内为标准差。

本 章 小 结

　　本章基于 2008—2019 年中国 A 股上市公司数据,以自由贸易试验区的制度创新为准自然实验,利用多期双重差分法考察自由贸易试验区的制度创新能否促进企业绩效的提升,从而带动中国经济的高质量发展。以企业全要素生产率和企业劳动生产率表示企业绩效,结果显示,自由贸易试验区的制度创新显著提升了企业绩效;且随着时间的推进,具有逐渐提升的动态效应。进一步地基于企业所有制进行异质性分析,研究结果显示自由贸易试验区的制度创新对非国有企业的全要素生产率有显著的提升作用,而对国有企业该作用并不存在。相对于国有企业而言,非国有企业在自由贸易试验区制度创新中获得了更多的政策红利,特别是金融制度创新为非国有企业拓宽了融资渠道。基于资本密集度的异质性分析显示自由贸易试验区的制度创新对非资本密集类企业全要素生产率具有显著促进作用,而对资本密集类企业该作用不显著。非资本密集型企业外资参与度更高,制度创新对非资本密集型企业全要素生产率提升作用更大。稳健性检验结果与原模型系数接近,显著性相同。对模型进行安慰剂检验,在假设自由贸易试验区设立时间前推3年后统计上制度创新对企业绩效并没有受到显著影响,通过安慰剂检验。对模型进行 PSM-DID 匹配后,回归结果验证了自由贸易试验区的制度创新显著地提高了处理组企业的企业绩效。

第六章 技术创新的调节效应检验

在影响企业创新的因素中,制度环境因其在创新战略选择与绩效方面的内在激励和约束作用得到了众多学者的认同。根据制度理论,制度质量越高,企业就越倾向于采取创新型战略以获取较高的创新绩效。从经济制度与企业生产率的影响机理来看,制度的变迁推动企业选择更为合宜的组织结构与分工结构,并进一步进行技术创新,最终提高了企业全要素生产率。习近平明确指出提高自主创新能力需要从体制、机制等多方面来保证。制度创新为经济主体创造了更为有利的制度环境,而技术创新为制度创新提供了新的技术手段,尤其现代信息系统的应用从节约成本和便于实施的角度为制度创新提供了有效的手段和技术,提升了制度创新政策的效果。诺思也强调了技术创新对于制度创新的作用,制度创新实现了在现有的制度安排结构内无法获取的潜在的利润,而技术创新能够使制度创新变得更合算,技术变迁使得制度安排的变迁变得有利可图。另外,技术创新不仅能改变制度安排的收益,而且也能减少某些安排的运作成本。技术创新使得某些制度创新的成本降低。制度创新创造了利于技术创新的环境。企业作为技术创新的主体在制度安排下进行决策,好的制度环境有利于企业进行技术创新,技术创新使得制度创新的实现更为容易,而技术创新对企业绩效起决定性作用。本章将在理论分析的基础上进一步进行实证检验。

第一节 技术创新的调节效应

熊彼特强调了技术创新在经济发展中的作用。科技创新既是社会发展的动力,又是一个国家提升其综合竞争力的关键。党的十九大强调要实现创新驱动发展战略,明确提出"科技创新是提高社会生产力和综合国力的战略支撑,必须摆在国家发展全局的核心位置"。习近平强调科技创新与制度创新协同发展,要坚持科技创新和制度创新"双轮驱动"的创新发展。高质量增长在微观方面的体现就是企业生产率的提高,而技术创新无疑是促进企业生产率提升的重要手段。技术创新作为经济发展中最为重要的组成部分,不是自然而然地产生的,它需要制度体系来支撑。创新活动存在一定的不确定性,对制度的依赖相当强烈。好的制度环境有利于企业进行技术创新,而技术创新又进一步提升企业生产率。现有研究表明,企业全要素生产率取决于企业的技术创新能力,这来自企业的研发投入、技术引进和分工深化。实际上,受制于体制扭曲和市场制度不完善等因素,企业创新能力不强,这导致中国企业的全要素生产率普遍不高。自由贸易试验区制度创新使得各类生产要素不仅降低了交易成本,提高了生产率,而且自由贸易试验区的制度优势有利于产业集聚及外商投资,提高了对外开放水平,使得企业能够吸收国外先进技术和管理经验,提升创新水平。同时自由贸易试验区内较高的对外开放水平、较多的企业数量以及较好的市场环境,促进了地区创新能力的提升①。

制度创新对企业绩效的影响强弱取决于企业的技术创新能力,在企业技术创新能力较强时,制度创新对企业绩效影响较大;相反,企业技术创新能力较差,则制度创新影响企业绩效程度较弱。因此,技术创新在制度创新影响企业绩效的过程中发挥了调节作用。技术创新在制度创新提升企业绩效中存在调节效应可以通过图 6-1 来显示。

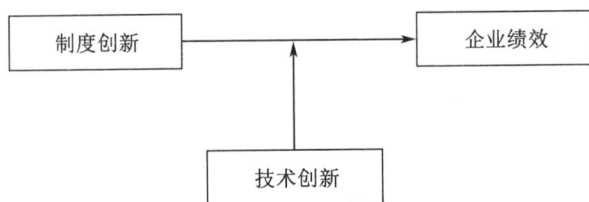

图 6-1　技术创新的调节效应

第二节　调节效应检验的模型设定

考虑到自由贸易试验区的政策带来贸易环境的改善以及各项利于创新活动的制度创新政策的实施,可以促使企业创新水平的提高,并由此提升企业绩效,因此参考王桂军、黎文静和郑曼妮、余明桂等、范子英和彭飞的做法,将调节变量置于基准模型中以进一步考察制度创新对企业全要素生产率的影响机制,设立模型(6-1)对此进行检验。

---

　　① 刘秉镰,王钺.自由贸易试验区对区域创新能力的影响效应研究——来自上海自由贸易试验区准实验的证据[J].经济与管理研究,2018,39(09):65-74.

$$\text{Intfp}_{it} = \beta_0 + \beta_1 (\text{treat}_i \times \text{post}_{it} \times \text{inno}_{it}) + \beta_2 \times (\text{treat}_i \times \text{post}_{it}) + \beta_3 \times \text{inno}_{it} +$$
$$\gamma X_{it} + \lambda \mu_i + \text{industry}_j + \varepsilon_{it}) \qquad (6-1)$$

模型(6-1)中 inno_{it} 为调节变量研发创新,其他变量含义与前文相同。本章重点考察系数 β_1,它代表剔除了其他干扰因素后,自由贸易试验区的制度创新通过技术创新对地区企业绩效的影响。

第三节 制度创新影响企业全要素生产率的技术创新调节效应检验

一、变量设定

(1)被解释变量,企业全要素生产率。以 LP 法计算的企业全要素生产率为被解释变量,同时为了检验模型的稳健性,后文以 FE 法和 GMM 法计算的全要素生产率替换被解释变量进行稳健性检验。

(2)解释变量,制度创新虚拟变量 treat×post,含义同前文。

(3)调节变量,技术创新 inno。对于企业技术创新水平的测度可以从研发投入和研发产出即专利两个角度刻画。与专利相比,研发投入更能反映一个企业的创新意愿,且具有时效性,因此本章以研发强度作为衡量企业创新的指标,具体以上市公司研发支出占固定资产比值表示。

(4)控制变量,本章对上市公司总资产报酬率、企业规模、资产负债率、企业年龄、现金流量和股权集中度进行了控制。其中,企业规模以企业员工的自然对数表示;企业年龄以企业成立时间的自然对数表示;资本结构以企业资产负债率表示;现金流量以企业营业活动产生的现金流量净额与营业收入的比值表示;股权集中度以前十大股东股份占比表示。相关变量描述性统计如表6-1所示。

表6-1 变量的描述性统计

变量	变量名称	均值	标准差	最小	最大	观察数
treat×post	制度创新	0.28	0.45	0.00	1.00	28 541
lntfplp	企业全要素生产率	16.11	0.88	13.87	18.79	28 541
inno	技术创新	0.392	1.393	0	43.75	16 016

表 6-1(续)

变量	变量名称	均值	标准差	最小	最大	观察数
treat×post×inno	制度创新×技术创新	0.195	1.028	0	38.91	16 016
roa	总资产报酬率	6.58	7.69	−183.98	123.26	28 541
lnlabor	企业规模	7.53	1.03	5.79	9.09	28 541
dar	资产负债率	44.04	78.57	−19.47	9 695.93	28541
lnage	企业年龄	2.77	0.37	0	4.16	28 541
procash	现金流量	−0.04	11.79	−1 756.84	49.74	28 541
topshare	股权集中度	59.73	16.12	1.32	101.16	28 541

二、实证结果分析

模型(6-1)回归结果如表 6-2 所示。可以看出,对以 LP 法计算的全要素生产率为被解释变量进行回归时,在控制时间效应、行业效应和企业固体效应后,所关心的制度创新与调节变量技术创新的交乘项 treat×post×inno 系数为 0.165 且在 1% 水平上高度显著。即说明自由贸易试验区的制度创新协同技术创新因素显著促进了企业全要素生产率的提升,技术创新确实是自由贸易试验区制度创新助推企业全要素生产率提升的主要路径。自由贸易试验区建设的现实经验表明,自由贸易试验区非常注重落实创新驱动发展战略,为支持企业创新发展提供了便利化措施,提升了企业的创新水平,促使企业全要素生产率提高。

表 6-2 制度创新影响全要素生产率的技术创新调节效应

	lntfplp			
	(1)	(2)	(3)	(4)
treat×post×inno	0.040 0 ***	0.016 1 ***	0.016 2 ***	0.016 5 ***
	(0.003 9)	(0.004 3)	(0.004 2)	(0.004 4)
treat×post	0.025 7 ***	0.007 6	0.006 6	0.016 9 **
	(0.008 5)	(0.007 3)	(0.007 3)	(0.007 5)

表 6-2(续)

	(1)	(2)	(3)	(4)
			lntfplp	
inno		0.035 8 ***	0.036 6 ***	0.035 7 ***
		(0.003 2)	(0.003 2)	(0.003 3)
roa		0.011 5 ***	0.011 4 ***	0.011 0 ***
		(0.000 4)	(0.000 4)	(0.000 3)
lnlabor		0.386 7 ***	0.388 2 ***	0.328 8 ***
		(0.006 4)	(0.006 3)	(0.008 0)
dar		0.007 3 ***	0.006 8 ***	0.005 8 ***
		(0.000 2)	(0.000 2)	(0.000 2)
lnage		0.281 7 ***	0.235 8 ***	0.360 4 ***
		(0.026 4)	(0.025 5)	(0.061 0)
procash		0.000 2	0.000 2	−0.010 1
		(0.000 7)	(0.000 6)	(0.010 7)
topshare		0.000 8 **	0.000 4	0.001 0 ***
		(0.000 3)	(0.000 3)	(0.000 3)
contant	15.83 ***	11.81 ***	12.27 ***	12.09 ***
	(0.008 0)	(0.083 5)	(0.104 7)	(0.169 2)
year	控制	控制	控制	控制
fe	控制	否	控制	控制
industry	—	否	否	控制
N	16 016	16 016	16 016	16 016
R^2	0.295 0	0.455 9	0.456 4	0.459 6

注:*** 、** 、* 分别表示在 1%、5%、10%的水平下显著,括号内为标准差。

三、稳健性检验

为了进一步验证结论的稳健性,替换被解释变量,即以 FE 法和 GMM 法计算的全要素生产率替代以 LP 法计算的全要素生产率,结果如表 6-3 所示。结果显示在替换被解释变量后,制度创新与技术创新交乘项系数分别为 0.016 1 和 0.011 9,且分别在 1%和 5%水平上显著成立,与原结论一致。即技术创新确实是自由贸易试验区制度创新提升企业全要素生产率的有效路径。结论稳健。

表 6-3 制度创新影响全要素生产率的技术创新调节作用稳健性检验

	tfpfe			tfpgmm		
	(1)	(2)	(3)	(1)	(2)	(3)
treat × post×inno	0.015 6 ***	0.015 8 ***	0.016 1 ***	0.011 2 **	0.011 6 ***	0.011 9 **
	(0.004 3)	(0.004 2)	(0.004 5)	(0.004 6)	(0.004 5)	(0.004 8)
treat ×post	0.007 9	0.006 9	0.016 6 **	0.012 0	0.010 7	0.014 3 *
	(0.007 3)	(0.007 3)	(0.007 5)	(0.007 8)	(0.007 8)	(0.008 1)
inno	0.039 4 ***	0.039 9 ***	0.038 9 ***	0.076 3 ***	0.074 5 ***	0.071 6 ***
	(0.003 2)	(0.003 2)	(0.003 3)	(0.003 4)	(0.003 4)	(0.003 6)
roa	0.011 5 ***	0.011 5 ***	0.011 1 ***	0.012 2 ***	0.012 2 ***	0.011 5 ***
	(0.000 4)	(0.000 4)	(0.000 4)	(0.000 4)	(0.000 4)	(0.000 4)
lnlabor	0.093 2 ***	0.095 1 ***	0.037 6 ***	−0.031 7 ***	−0.022 9 ***	−0.061 6 ***
	(0.006 4)	(0.006 3)	(0.008 0)	(0.006 7)	(0.006 6)	(0.008 6)
dar	0.007 2 ***	0.006 7 ***	0.005 7 ***	0.006 1 ***	0.005 6 ***	0.004 7 ***
	(0.000 3)	(0.000 3)	(0.000 3)	(0.000 3)	(0.000 3)	(0.000 3)
lnage	0.274 3 ***	0.229 0 ***	0.350 0 ***	0.201 9 ***	0.162 7 ***	0.243 8 ***
	(0.026 3)	(0.025 4)	(0.061 2)	(0.027 0)	(0.025 8)	(0.065 8)
procash	0.000 2	0.000 2	−0.009 4	0.000 3	0.000 2	−0.001 8
	(0.000 7)	(0.000 6)	(0.010 7)	(0.000 7)	(0.000 6)	(0.011 5)
topshare	0.000 8 ***	0.000 5	0.001 0 ***	0.001 2 ***	0.001 0 ***	0.001 2 ***
	(0.000 3)	(0.000 3)	(0.000 3)	(0.000 3)	(0.000 3)	(0.000 4)
contant	−1.964 ***	−1.533 ***	−1.694 ***	8.293 ***	8.488 ***	8.459 ***
	(0.083 3)	(0.089 9)	(0.169 5)	(0.086 3)	(0.106 0)	(0.182)
year	控制	控制	控制	控制	控制	控制
fe	否	控制	控制	否	控制	控制
industry	否	否	控制	否	否	控制
N	16 016	16 016	16 016	16 016	16 016	16 016
R^2	0.295 9	0.338 3	0.144 0	0.228 8	0.278 4	0.230 9

注:*** 、** 、* 分别表示在 1%、5%、10%的水平下显著,括号内为标准差。

第四节 制度创新影响企业劳动生产率的技术创新调节效应检验

自由贸易试验区的政策带来贸易环境的改善以及各项利于创新活动的制度创新政策的实施,可以促使企业创新水平的提高。Crepon 等研究表明技术创新能够显著促进企业劳动生产率的提升。因此以企业劳动生产率作为衡量企业绩效的另一个指标,对制度创新影响企业劳动生产率的机制进行检验。模型以(6-1)为基准,其中,被解释变量企业绩效以企业劳动生产率衡量。

一、变量设定

(1)被解释变量,企业劳动生产率 lnld。参考已有研究,以主营业务收入与员工人数的比值表示。

(2)调节变量,技术创新 inno。和前文表示技术创新的变量一致,以研发强度为衡量企业创新的指标。

(3)控制变量,对上市公司企业规模、资产负债率、企业年龄、财务杠杆、职工薪酬、资本密集度和股权集中度进行了控制。其中,企业规模以企业员工的自然对数表示;企业年龄以企业成立时间的自然对数表示;财务杠杆以流动负债合计比资产总计,职工薪酬(ES)以应付职工薪酬占总资产的比值衡量;资本密集度(KL)以固定资产与员工总数衡量;股权集中度以前十大股东股份占比表示。

依据模型重点考察系数 β_1,它代表剔除了其他干扰因素后,自由贸易试验区的制度创新通过技术创新对地区企业劳动生产率的影响。各变量的描述性统计如表6-4所示。

表 6-4　变量的描述性统计

变量	变量名称	均值	标准差	最小	最大	观察数
treat×post	制度创新	0.28	0.45	0.00	1.00	28 541
lnld	劳动生产率	13.67	0.89	9.865	19.70	28 541

表 6-4(续)

变量	变量名称	均值	标准差	最小	最大	观察数
inno	技术创新	0.392	1.393	0	43.75	16 016
treat×post×inno	制度创新×技术创新	0.195	1.028	0	38.91	16 016
lnlabor	企业规模	7.53	1.03	5.79	9.09	28 541
dar	资产负债率	44.04	78.57	−19.47	9 695.93	28 541
lnage	企业年龄	2.77	0.37	0	4.16	28 541
lev	财务杠杆	0.89	15.04	0.000 2	2 103.124	27 078
es	职工薪酬	0.025	0.50	−0.000 9	64.45	26 901
lnkl	资本密集度	12.48	1.21	4.13	21.98	28 539
topshare	股权集中度	59.73	16.12	1.32	101.16	28 541

二、实证结果分析

依据调节效应模型(6-1)考察技术创新在制度创新影响企业劳动生产率中的调节作用,结果如表 6-5 所示。结果显示,在控制时间效应及控制变量后,制度创新与技术创新的交互项系数为 0.014 7,且在 1% 水平上显著。说明技术创新在制度创新影响企业劳动生产率的过程中起正向调节作用,进一步控制行业因素、固定效应后,系数与显著性基本不变。这也进一步证实了技术创新的调节作用。企业生产率受制度创新影响的程度与企业技术创新能力有关。技术创新能力越大,制度创新对企业劳动生产率影响越大;企业技术创新能力越小,制度创新对企业劳动生产率影响越小。

表 6-5　制度创新影响企业劳动生产率的技术创新调节效应

	lnld				
	(1)	(2)	(3)	(4)	(5)
treat×post×inno		0.014 7 ***	0.014 9 ***	0.015 6 ***	0.014 7 ***
		(0.005 2)	(0.005 2)	(0.005 2)	(0.005 4)
treat×post	0.021 2 **	0.015 6 *	0.013 3	0.017 4 *	0.020 8 **
	(0.009 1)	(0.008 6)	(0.008 6)	(0.008 9)	(0.008 9)

表 6-5(续)

	lnld				
	（1）	（2）	（3）	（4）	（5）
inno		0.059 5 ***	0.061 7 ***	0.061 0 ***	0.051 9 ***
		(0.004 1)	(0.004 1)	(0.004 1)	(0.004 4)
lnlabor	−0.490 ***	−0.328 ***	−0.323 ***	−0.323 ***	−0.358 ***
	(0.006 7)	(0.007 6)	(0.007 6)	(0.007 6)	(0.009 7)
dar	0.004 9 ***	0.004 7 ***	0.004 2 ***	0.004 2 ***	0.003 7 ***
	(0.000 2)	(0.000 3)	(0.000 3)	(0.000 3)	(0.000 3)
lnage	0.039 0	0.305 ***	0.258 ***	0.261 ***	0.279 ***
	(0.034 4)	(0.032 0)	(0.031 3)	(0.031 6)	(0.075 4)
lev	−0.001 2 ***	−0.000 5 *	−0.000 5 **	−0.000 5 **	−0.000 5 *
	(0.000 3)	(0.000 2)	(0.000 2)	(0.000 2)	(0.000 3)
es	0.018 8 **	−0.006 9	−0.005 3	−0.005 3	−0.005 8
	(0.009 0)	(0.007 1)	(0.007 1)	(0.007 1)	(0.007 1)
lnkl	0.171 ***	0.155 ***	0.161 ***	0.159 ***	0.126 ***
	(0.004 3)	(0.006 0)	(0.006 2)	(0.006 2)	(0.007 1)
topshare	0.002 2 ***	0.000 7 *	0.000 4	0.000 4	0.001 3 ***
	(0.000 3)	(0.000 4)	(0.000 4)	(0.000 4)	(0.000 4)
contant	14.52 ***	12.92 ***	13.04 ***	13.16 ***	13.59 ***
	(0.111 8)	(0.127 8)	(0.154 3)	(0.158 7)	(0.231 6)
year	控制	控制	控制	控制	控制
industry	—	—	控制	控制	—
province	—	—	—	控制	—
fe	控制	—	—	—	控制
N	26 900	14 537	14 537	14 537	14 537
R^2	0.321 5	0.280 6	0.280 6	0.280 8	0.283 5

注：*** 、** 、* 分别表示在 1%、5%、10%的水平下显著,括号内为标准差。

三、稳健性检验

为了进一步验证结论的稳健性,以上市公司营业收入与员工总数之比计算的劳动生产率替换被解释变量。结果如表6-6所示,结果显示在替换被解释变量后,制度创新与技术创新交乘项系数为0.013 7,且在5%水平上显著成立,与原结论一致,即技术创新确实是自由贸易试验区制度创新提升企业劳动生产率的有效路径。结论稳健。

表6-6 制度创新影响劳动生产率的技术创新调节作用稳健性检验

	lnldin				
	(1)	(2)	(3)	(4)	(5)
treat×post×inno		0.013 8 ***	0.014 1 ***	0.014 8 ***	0.013 7 **
		(0.005 2)	(0.005 2)	(0.005 2)	(0.005 2)
treat×post	0.019 0 **	0.014 0	0.011 5	0.015 9 *	0.019 6 **
	(0.008 9)	(0.008 5)	(0.008 5)	(0.008 8)	(0.008 8)
inno		0.059 6 ***	0.061 9 ***	0.061 1 ***	0.050 6 ***
		(0.004 1)	(0.004 1)	(0.004 1)	(0.004 3)
lnlabor	−0.506 ***	−0.332 ***	−0.326 ***	−0.327 ***	−0.369 ***
	(0.006 6)	(0.007 5)	(0.007 5)	(0.007 5)	(0.009 6)
dar	0.004 9 ***	0.004 6 ***	0.004 1 ***	0.004 1 ***	0.003 5 ***
	(0.000 2)	(0.000 3)	(0.000 3)	(0.000 3)	(0.000 3)
lnage	0.002 51	0.296 ***	0.246 ***	0.249 ***	0.162 **
	(0.033 9)	(0.031 6)	(0.030 8)	(0.031 1)	(0.074 6)
lev	−0.000 9 ***	−0.000 4	−0.000 4 *	−0.000 4 *	−0.000 4
	(0.000 3)	(0.000 2)	(0.000 2)	(0.000 2)	(0.000 2)
es	0.016 0 *	−0.008 6	−0.006 8	−0.006 8	−0.006 7
	(0.009 0)	(0.007 1)	(0.007 1)	(0.007 1)	(0.007 1)
lnkl	0.167 ***	0.160 ***	0.167 ***	0.164 ***	0.127 ***
	(0.004 3)	(0.006 0)	(0.006 1)	(0.006 1)	(0.007 1)
topshare	0.003 0 ***	0.001 7 ***	0.001 4 ***	0.001 4 ***	0.002 4 ***
	(0.000 3)	(0.000 4)	(0.000 4)	(0.000 4)	(0.000 4)
contant	14.77 ***	12.90 ***	13.03 ***	13.16 ***	13.96 ***
	(0.110 3)	(0.126 3)	(0.152 1)	(0.156 4)	(0.229 4)
year	控制	控制	控制	控制	控制

表 6-6(续)

	lnldin				
	(1)	(2)	(3)	(4)	(5)
industry	–	–	控制	控制	–
province	–	–	–	控制	–
fe	控制	–	–	–	控制
N	26 900	14 537	14 537	14 537	14 537
R^2	0.334 9	0.289 2	0.289 3	0.289 6	0.293 4

注:***、**、*分别表示在 1%、5%、10%的水平下显著,括号内为标准差。

本 章 小 结

中国经济在历经了高速增长后,仅仅依靠要素驱动已经不能维持经济的持续稳定增长,创新驱动战略的提出为经济的增长动力转换提供了方向。而创新驱动的实现需要与之相配的制度安排,这也是制度创新的必然要求。制度环境因其在创新战略选择与绩效方面的内在激励和约束作用能够影响企业技术创新,制度创新创造了利于技术创新的环境;反过来,企业的技术创新也需要制度体系来支撑,好的制度环境有利于企业进行技术创新。因此,制度创新为企业技术创新提供制度保障,技术创新又进一步提升企业绩效。制度创新对企业绩效的影响强弱取决于企业的技术创新能力,技术创新在制度创新影响企业绩效中发挥了调节作用。本章研究证实了这一结论。技术创新能够影响自由贸易试验区制度创新提升企业绩效的程度。因此,企业在制度创新背景下,提升企业绩效的有效途径是提升企业创新能力。创新能力强的企业更能够借助制度创新优势提升企业绩效。

第七章　交易费用的中介效应检验

交易费用是企业在交易过程中所产生的"一切不直接发生在物质生产过程中的成本",也可以看作是企业为遵守制度规定而产生的非生产性成本。制度创新的一个重要功能就是降低交易费用。在近年来实行的供给侧结构性改革中,降低制度性交易成本一直都是政府经济工作中的重要任务,自由贸易试验区在政府职能制度创新方面进一步发挥了降低交易成本的作用。自由贸易试验区的一系列制度创新为企业提供有效信息、降低交易时间以及降低不确定性,由此使得交易成本降低,进一步促进企业绩效的提升。

第一节　交易费用的中介效应

交易费用发生在企业为交易所进行的信息搜寻和决策费用,同时也包含为达成交易所花费的时间成本等无形成本。企业协调成本等交易成本的下降进一步导致企业生产、管理、销售和采购模式发生变化,从而有效提高企业经营管理水平和运营效率。Acemoglu 等[①]研究显示交易成本的降低可以内生地改变企业组织形式,显著提高生产率。特定的制度结构会在交易成本层次或者制度成本层次重构激励和约束体系,强调交易成本是制度与经济绩效发生相互关系的中介,即制度结构通过对企业交易成本的节约最终影响企业绩效。在制度经济学理论中,交易成本往往是作为中介变量而存在的,即作为制度与经济绩效发生相互关系的中介。本章认为交易费用是制度创新影响企业绩效的中介变量,发挥了中介作用。

---

① ACEMOGLU D , ANTRÀS P , HELPMAN E. Contracts and Technology Adoption[J]. American Economic Review, 2007, 97(3): 916-944.

第二节 交易费用的测度

在已有的研究中,度量交易费用主要可以分为直接测度法和间接测度法。一般认为交易成本与制度成本是可以相互置换的。

一、直接测量法

交易费用体现了企业为达成交易所花费的信息搜寻、决策费用以及时间成本等。为了便于比较分析,直接测度法主要针对新建企业所需的程序数、耗费的时间成本等非物质成本方面进行测算,避免了由于不同国家货币价值不同等产生的不可比问题。Desoto 研究了发达国家和发展中国家创办企业同政府打交道所花费的时间,完成同样的行政审批数目,在秘鲁需要花 289 天的时间,在佛罗里达只需要 2 小时,这也很直观地反映了发展中国家和发达国家经济绩效差异的制度原因。Klapper 等通过调查创办一家企业所需的时间成本和企业进入程序数来测算管制程度,认为较高的制度性交易成本成为新创企业的制度障碍。世界银行发布的营商环境报告作为衡量交易成本得到了学者们的应用。Bripi 根据世界银行发布的营商环境报告调查数据,以意大利 2008 年到 2009 年间颁布的企业一站式窗口登记为准自然试验对象,发现企业登记程序简化后节省了大量的排队等候成本,新建企业时间成本从 23 天降到 6 天。2019 年世界营商环境报告显示营商环境新西兰得分最高为 86.8 分,索马里得分最低为 20 分,二者相差四倍多。交易费用的直接测量法从企业办理事项的相关程序数或所需时间等方面进行测度,具有可以直接比较的优点,在样本特征较为一致的时候适用。

二、间接测量法

对于交易成本的间接测量通常是寻找一些代理变量。吴海民在验证智慧城市建设提高企业全要素生产率的机制时,以企业管理费用、销售费用、财务费用度量交易成本,证实智慧城市通过降低管理费用等为代表的交易成本来提高企业全要素生产率。冯笑以企业管理费用衡量交易成本,证实行政审批中心的设立通过降低制度性交易成本显著影响城市出口绩效。石大千等以管理费用、销售费用和财务费用的比重作为交易成本,结果显示提高城市文明程度能够明显节约交易成本。在对宏观交易费用测度时,学者通常通过构建综合指标体系衡量制度性交易成本变化,如"非正式经济规模占 GDP 的比重、产权保护"等指标。除此之外,缪仁炳和陈志昂认为交易生产的是"交易性服务",所发生的费用属于交易费用,因此他以人员为基础,乘以平均工资水平来估算其交易费用。杨艳和车明从投入-产出效率的角度对制度性交易成本进行测度,即地区效率水平越高,该地区的制度性交易成本水平越低。本章对于交易费用的测量主要从微观角度出发,参考石大千等的研究,以企业管理费用、销售费用和财务费用衡量交易费用。

第三节　中介效应模型设定

本部分设定以下三个模型检验交易费用在制度创新影响企业绩效的中介作用。中介效应检验模型设定如下:

$$\text{intfp}_{it} = \alpha_0 + c \times (\text{treat}_i \times \text{post}_{it}) + \alpha X_{it} + \lambda_t + \mu_i + \text{industry}_j + \varepsilon_{it} \quad (7-1)$$

$$\text{lntransaction} = \beta_0 + a \times (\text{treat}_i \times \text{post}_{it}) + \lambda_t + \mu_i + \text{industry}_j + \varepsilon_{it} \quad (7-2)$$

$$\text{lntfp}_n = \gamma_0 + c \times (\text{treat}_i \times \text{post}_{it}) + b \times \text{intransaction}_{it} + \lambda_t + \mu_i + \text{industry}_j + \varepsilon_{it}$$

$$(7-3)$$

其中,intransaction 为企业交易费用,分别以上市公司管理费用、销售费用和财务费用表示。交易费用的中介效应检验如图 7-1 所示。借鉴温忠麟和叶宝娟关于中介效应的检验 Bootstrap 法,中介效应检验过程如下,首先将制度创新变量对全要素生产率进行回归,检验模型(7-1)的系数 c,衡量制度创新对企业绩效的总影响;将制度创新变量对交易费用进行回归,检验模型(7-2)系数 a,系数 a 衡量制度创新对交易费用的影响;同时将制度创新变量与交易费用同时放入模型(7-3),系数 b 衡量在控制了制度创新因素后,中介变量交易费用对企业绩效的效应。交易费用的中介效应大小等于系数乘积 a×b。

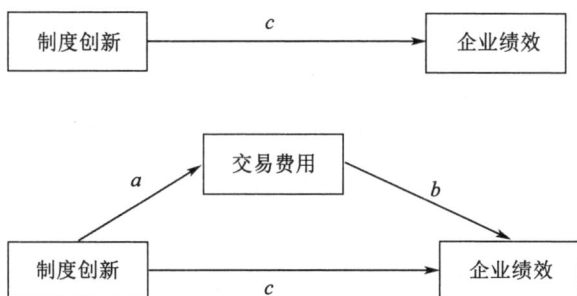

图 7-1　交易费用的中介效应

第四节　制度创新影响企业全要素生产率的中介效应检验

一、变量定义与数据来源

（1）被解释变量，企业全要素生产率。参照前文定义，以 LP 法计算的全要素生产率作为被解释变量，以 FE 和 GMM 法计算的全要素生产率替代被解释变量进行稳健性检验。

（2）中介变量，交易费用。借鉴吴海民等、冯笑等及石大千等的做法，分别采用企业管理费用、销售费用和财务费用衡量交易费用。管理费用指标采用管理费用占营业收入比值，用 lnglfy 表示；销售费用指标采用销售费用占营业收入比值，用 lnxsfy 表示；财务费用指标采用财务费用占营业收入比值，用 lncwfy 表示。

（3）控制变量。参考相关文献，模型控制变量上市公司总资产报酬率、企业规模、资产负债率、企业年龄、现金流量和股权集中度进行了控制。控制变量定义与前文相同。

数据来源于 Wind 数据库，参考已有研究，剔除金融类公司、ST 公司以及主要核心变量缺失的企业样本，最终获得 3 499 个企业，28 540 个样本。对数据进行了缩尾处理并取对数。

二、实证结果

1.管理费用的中介效应检验

以管理费用 lnglfy 为交易费用的代理变量，按照模型（7-1）至（7-3）验证交易费用的中介效应，得到结果如表7-1所示。模型（7-1）的系数 c 为 0.124 1，即制度创新对企业全要素生产率的总影响为 0.124 1，且在 1% 水平上显著；模型（7-2）系数 a 为-0.093 3，即制度创新能够降低企业管理费用；在控制了制度创新因素后，中介变量管理费用对全要素生产率的影响为-0.517 8，且 a 和 b 都在 1% 水平上显著，即间接效应显著。在控制了管理费用中介变量后，制度创新对企业全要素生产率的影响为 0.075 7，且在 1% 水平上显著，直接效应显著；中介效应为 0.048 3，中介效应占总效应的比例为 38.95%。结果显示，制度创新通过降低以管理费用为代理变量的交易费用，提高了企业全要素生产率。寻租理论表明，企业支付超额管理费用是为了谋取私利而对政府决策或政府官员开展游说的非生产性活动，对经济增长和企业业绩发展往往具有严重的阻碍作用。在制度不完善的情况下,企业倾向于支付超额管理费用来获取政府担保、金融贷款等政治资源,这些无疑给企业造成额外的交易成本负担。制度创新通过完善制度体系,提高政府管理的透明性及审批效率,使得企业节约了非必要的管理费用,提升企业绩效。

表 7-1　管理费用的中介效应检验

	path $c(1)$	path $a(2)$	paths b and $\hat{c}(3)$
	lntfplp	lnglfy	lntfplp
treat×post	0.124 1 ***	−0.093 3 ***	0.075 7 ***
	(0.008 8)	(0.009 7)	(0.007 2)
lnglfy			−0.517 8 ***
			(0.004 4)
roa	0.019 1 ***	−0.017 5 ***	0.010 1 ***
	(0.000 5)	(0.000 6)	(0.000 4)
lnlabor	0.373 1 ***	−0.097 2 ***	0.322 8 ***
	(0.004 0)	(0.004 4)	(0.003 3)
dar	0.015 4 ***	−0.013 7 ***	0.008 3 ***
	(0.000 2)	(0.000 2)	(0.000 2)
lnage	0.271 3 ***	−0.087 3 ***	0.226 1 ***
	(0.111 2)	(0.012 3)	(0.009 2)
procash	−0.000 6	−0.011 4 ***	−0.006 5 ***
	(0.000 7)	(0.000 7)	(0.000 6)
topshare	0.003 9 ***	−0.005 3 ***	0.001 1 ***
	(0.000 3)	(0.000 3)	(0.000 2)
contant	11.509 5 ***	3.983 8 ***	13.572 2 ***
	(0.044 1)	(0.048 6)	(0.040 3)
N	28 540	28 540	28 540
R^2	0.473 6	0.204 0	0.645 1

表 7-1(续)

	path c(1)	path a(2)	paths b and$\hat{c}$(3)
	lntfplp	lnglfy	lntfplp
a	−0.093 3		
b	−0.517 8		
Indirect effect	0.048 3		
Direct effect	0.075 8		
Total effect	0.124 1		

注:*** 、** 、* 分别表示在 1%、5%、10%的水平下显著,括号内为标准差。

2.销售费用的中介效应检验

以销售费用 lnxsfy 为交易费用的代理变量,按照模型(7-1)至(7-3)验证交易费用的中介效应,得到结果如表 7-2 所示。模型(7-1)的系数 c 为 0.122 1,即制度创新对企业全要素生产率的影响为 0.122 1,且在 1%水平上显著;模型(7-2)系数 a 为−0.123 3,即制度创新能够降低企业销售费用;在控制了制度创新因素后,中介变量销售费用对企业全要素生产率的效应为−0.262 1,且 a 和 b 都在 1%水平上显著,即间接效应显著。在控制了交易费用中介变量后,制度创新对企业全要素生产率的影响为 0.089 8,且在 1%水平上显著,即直接效应显著;中介效应大小为0.032,占总效应的比例为 26.48%。结果显示制度创新通过降低企业销售费用提升了企业全要素生产率。制度环境的改善可以使企业节约业务招待费等销售费用。自由贸易试验区的制度创新提高了政府效率,为企业提供了优化的营商环境,节约了销售费用,促进企业绩效的提升。

表 7-2 销售费用的中介效应检验

	path c(1)	path a(2)	paths b and $\hat{c}$(3)
	lntfplp	lnglfy	lntfplp
treat×post	0.122 1 ***	−0.123 3 ***	0.089 8 ***
	(0.008 9)	(0.019 2)	(0.007 3)
lnxsfy			−0.262 1 ***
			(0.002 2)

表 7-2(续)

	path *c*(1)	path *a*(2)	paths *b* and *ĉ*(3)
	lntfplp	lnglfy	lntfplp
roa	0.019 4 ***	−0.021 9 ***	0.013 6 ***
	(0.000 5)	(0.001 2)	(0.000 4)
lnlabor	0.367 3 ***	−1.016 5 ***	0.100 8 ***
	(0.004 0)	(0.008 7)	(0.004 1)
dar	0.015 7 ***	−0.021 9 ***	0.009 8 ***
	(0.000 2)	(0.000 4)	(0.000 2)
lnage	0.271 7 ***	−0.283 9 ***	0.197 2 ***
	(0.011 4)	(0.024 5)	(0.009 3)
procash	−0.000 5	−0.008 1 ***	−0.002 6 ***
	(0.000 7)	(0.001 5)	(0.000 6)
topshare	0.003 8 ***	−0.010 1 ***	0.001 1 ***
	(0.000 3)	(0.000 5)	(0.000 2)
contant	11.55 ***	−1.963 9 ***	11.035 4 ***
	(0.045 0)	(0.097 2)	(0.037 3)
N	27 814	27 814	27 814
R^2	0.472 4	0.473 8	0.641 9
a	−0.123 3		
b	−0.262 2		
Indirect effect	0.032 3		
Direct effect	0.089 8		
Total effect	0.122 1		

注：*** 、** 、* 分别表示在 1%、5%、10%的水平下显著，括号内为标准差。

3.财务费用的中介效应检验

以财务费用 lncwfy 为交易费用的代理变量，按照模型(7-1)至(7-3)验证交易费用的中介效应，得到结果如表 7-3 所示。模型(7-1)的系数 *c* 为 0.124 2,即制度创新对企业全要素生产率的总影响为 0.124 2,且在 1%水平上显著;模型(7-2)系数 *a* 为−0.162,即制度创新能够降低企业财务费用;在控制了制度创新因素后,中介变量财务费用对企业全要素生产率的效应为-0.296 2,且 a 和 b 都在1%水平上显著,即间接效应显著。在控制了中介变量财务费用后,制度创新对企业全要素生产率的影响为 0.076 2,且在1%水平上显著,中介效应为 0.048,中介效应占总效应的比例为38.65%。自由贸易试验区的制度创新,尤其是金融领域制度创新为企业提供融资便利,降低企业融资成本,缓解企业融资约束。王勇和张耀辉研究表明融资成本越低,企业所需要支出的财务费用越少,企业绩效越高。实证结果也表明制度创新降低了企业财务费用,提升了企业全要素生产率。

表7-3　财务费用的中介效应检验

	path c(1)	path a(2)	paths b and $\hat{c}$(3)
	lntfplp	lnglfy	lntfplp
treat×post	0.124 2 ***	−0.162 0 ***	0.076 2 ***
	(0.008 8)	(0.017 6)	(0.007 1)
lncwfy			−0.296 2 ***
			(0.002 4)
roa	0.019 2 ***	−0.021 9 ***	0.012 7 ***
	(0.000 5)	(0.001 1)	(0.000 4)
lnlabor	0.373 0 ***	−0.892 5 ***	0.108 6 ***
	(0.004 0)	(0.008 0)	(0.003 8)
dar	0.015 4 ***	−0.003 1 ***	0.014 4 ***
	(0.000 2)	(0.000 4)	(0.000 2)
lnage	0.271 0 ***	−0.290 3 ***	0.185 1 ***
	(0.011 2)	(0.022 5)	(0.009 0)
procash	−0.000 6	−0.009 7 ***	−0.003 4 ***
	(0.000 7)	(0.001 4)	(0.000 5)
topshare	0.003 9 ***	−0.013 9 ***	−0.000 3
	(0.000 3)	(0.000 5)	(0.000 2)
contant	11.51 ***	−3.41 ***	10.50 ***
	(0.044 2)	(0.088 9)	(0.036 4)
N	28 487	28 487	28 487

表 7-3(续)

	path $c(1)$	path $a(2)$	paths b and $\hat{c}(3)$
	lntfplp	lnglfy	lntfplp
R^2	0.473 3	0.385 0	0.660 4
a	−0.162 0		
b	−0.296 2		
Indirect effect	0.048 0		
Direct effect	0.076 2		
Total effect	0.124 2		

注：*** 、** 、* 分别表示在 1%、5%、10%的水平下显著,括号内为标准差。

以上分析显示,分别以管理费用、销售费用以及财务费用作为企业的交易费用的代理变量,中介效应占比分别为38.95%、26.48%和38.65%。中介效应模型结果均显示制度创新降低了企业交易费用,在此基础上提升了企业全要素生产率。交易费用在制度创新提升企业全要素生产率中发挥了部分中介作用。

4.稳健性检验

为了进一步验证制度创新影响企业全要素生产率的交易费用中介效应稳健性,对被解释变量即企业全要素生产率进行替换,以 GMM 法计算的全要素生产率替代以 LP 法计算的全要素生产率,结果如表7-4所示。中介效应模型结果显示,以管理费用、销售费用、财务费用作为企业交易费用的代理变量时,模型(7-1)中制度创新对企业全要素生产率的总影响系数 c 分别为 0.136 5、0.133 1 和 0.136 7,且均在1%水平上显著;模型(7-2)系数 a 分别为−0.093 3、−0.123 3 和−0.162 0,即制度创新能够降低企业交易费用。在控制了制度创新因素后,中介变量交易费用对企业全要素生产率的效应分别为−0.468 5、−0.223 1 以及−0.272 4,且以上三种交易费用模型系数 a 和 b 都在1%水平上显著,即间接效应显著。在控制了交易费用中介变量后,制度创新对企业全要素生产率的影响为0.092 8、0.105 6 和0.092 6,且在1%水平上显著,即直接效应显著;中介效应大小分别为 0.043 7、0.027 5 和0.044 1,中介效应占总效应的比例分别为 32.03%、20.67%和32.28%,交易费用在制度创新影响企业全要素生产率中发挥了部分中介效应。结果与原模型相近,结论稳健。

表 7-4　制度创新影响全要素生产率的中介效应稳健性检验

	管理费用			销售费用			财务费用		
	path c(1) lntfpgmm	path a(2) lnguanli	paths b and e(3) lntfpgmm	path c(1) lntfpgmm	path a(2) lnxiaoshou	paths b and e(3) lntfpgmm	path c(1) lntfpgmm	path a(2) lncaiwu	paths b and e(3) lntfpgmm
treat×post	0.136 5 *** (0.009 2)	-0.093 3 *** (0.009 7)	0.092 8 *** (0.008 0)	0.133 1 *** (0.009 2)	-0.123 3 *** (0.019 2)	0.105 6 *** (0.008 1)	0.136 7 *** (0.019 2)	-0.162 0 *** (0.017 7)	0.092 6 *** (0.007 8)
lnguanli/lnxiaoshou/lncaiwu			-0.468 5 *** (0.004 9)			-0.223 1 *** (0.002 5)			-0.272 4 *** (0.002 6)
roa	0.020 3 *** (0.000 6)	-0.017 5 *** (0.000 6)	0.012 1 *** (0.000 5)	0.020 7 *** (0.000 6)	-0.021 9 *** (0.001 2)	0.015 8 *** (0.000 5)	0.020 5 *** (0.000 5)	-0.021 9 *** (0.001 1)	0.014 5 *** (0.000 5)
lnlabor	-0.092 2 *** (0.004 1)	-0.097 2 *** (0.004 4)	-0.137 7 *** (0.003 6)	-0.101 8 *** (0.004 2)	-1.016 *** (0.008 7)	-0.328 6 *** (0.004 5)	-0.092 1 *** (0.004 1)	-0.892 5 *** (0.008 0)	-0.335 2 *** (0.004 2)
dar	0.013 4 *** (0.000 2)	-0.013 7 *** (0.000 2)	0.007 0 (0.000 2)	0.013 8 *** (0.000 2)	-0.021 9 *** (0.000 4)	0.008 9 *** (0.000 2)	0.013 4 *** (0.000 2)	-0.003 1 *** (0.000 4)	0.012 5 (0.000 2)
lnage	0.235 5 *** (0.011 6)	-0.087 3 ** (0.012 3)	0.194 6 (0.010 1)	0.228 6 *** (0.011 8)	-0.283 9 ** (0.024 5)	0.165 3 *** (0.010 4)	0.235 3 ** (0.011 7)	-0.290 3 *** (0.022 5)	0.156 3 *** (0.010 0)
procash	-0.001 2 * (0.000 7)	-0.011 4 *** (0.0007)	-0.006 5 *** (0.000 6)	-0.001 0 (0.000 7)	-0.008 1 *** (0.001 5)	-0.002 8 *** (0.000 6)	-0.001 2 * (0.000 7)	-0.009 7 *** (0.001 4)	-0.003 8 *** (0.000 6)
topshare	0.004 0 *** (0.000 3)	-0.005 3 *** (0.000 3)	0.001 5 *** (0.000 2)	0.004 0 *** (0.000 3)	-0.010 1 *** (0.000 6)	0.001 7 *** (0.000 2)	0.004 0 *** (0.000 3)	-0.013 9 *** (0.000 5)	0.000 2 (0.000 2)

表7-4（续）

	管理费用			销售费用			财务费用		
	path $c(1)$ lntfpgmm	path $a(2)$ lnguanli	paths b and $c(3)$ lntfpgmm	path $c(1)$ lntfpgmm	path $a(2)$ lnxiaoshou	paths b and $c(3)$ lntfpgmm	path $c(1)$ lntfpgmm	path $a(2)$ lncaiwu	paths b and $c(3)$ lntfpgmm
contant	8.24***	3.98***	10.10***	8.32***	-1.96***	7.88***	8.24***	-3.41***	7.309***
	(0.046 0)	(0.048 6)	(0.044 4)	(0.046 6)	(0.097 2)	(0.041 6)	(0.041 6)	(0.088 9)	(0.040 2)
N	28 540	28 540	28 540	27 814	27 814	27 814	28 487	28 487	28 487
R^2	0.162 3	0.204 0	0.367 7	0.168 3	0.473 8	0.348 3	0.162 5	0.385 0	0.393 8
a coefficient	-0.093 3	-0.123 3	-0.162 0						
b coefficient	-0.468 4	-0.223 1	-0.272 4						
Indirect effect	0.043 7	0.027 5	0.044 1						
Direct effect	0.092 7	0.105 6	0.092 6						
Total effect	0.136 4	0.133 1	0.136 7						

注：***、**、*分别表示在1%、5%、10%的水平下显著，括号内为标准差。

第五节 制度创新影响企业劳动生产率的中介效应检验

进一步以企业劳动生产率作为度量企业绩效的指标,检验交易费用在制度创新对企业劳动生产率影响中的中介效应。以模型(7-1)至(7-3)为基础,其中被解释变量企业绩效以企业劳动生产率度量。

一、变量设定

(1)被解释变量,企业劳动生产率 lnld。计算方法及含义与前文相同。

(2)中介变量,交易费用。以管理费用、销售费用、财务费用作为交易费用的代理变量,分别以 lnglfy、lnxsfy 和 lncwfy 表示。具体定义与前文相同。

(3)控制变量。对上市公司企业规模、资本结构、企业年龄、财务杠杆和职工薪酬,资本密集度和股权集中度进行了控制。具体变量定义与前文相同。

二、实证结果

1.管理费用的中介效应检验

以管理费用为交易费用的代理变量,按照本章中介效应模型(7-1)至(7-3)验证交易费用在制度创新影响企业劳动生产率中的中介效应,得到结果如表7-5所示。模型(7-1)的系数 c 为 0.116 5,即制度创新对企业劳动生产率的总影响为 0.116 5,且在1%水平上显著;模型(7-2)系数 a 为-0.064 3,即制度创新能够显著降低企业管理费用;在控制了制度创新因素后,中介变量管理费用对企业劳动生产率的效应为-0.514 4,且 a 和 b 都在1%水平上显著,即间接效应显著。在控制了管理费用中介变量后,制度创新对企业劳动生产率的影响为 0.083 4,且在1%水平上显著,中介效应大小为 0.033,占总效应的比例为 28.39%。结果显示制度创新降低了以管理费用为代理变量的交易费用,提高了企业劳动生产率。刘春奇等研究表明超额管理费用对企业效率的影响依赖于其所处的制度环境。若企业管理费用"激增",则可能说明企业支付了高额费用寻求政治庇佑。显然,企业管理费用的增加使得企业将资源用于非生产性领域,降低了资源配置效率。而制度创新通过改善制度环境,使得企业大可不必为了获取优惠政策或政治庇佑而增加不必要的管理费用开支,将资源用于生产的其他环节,提高了企业资源配置效率。即制度创新降低了企业管理费用,提高了企业绩效。

表 7-5　制度创新影响劳动生产率的管理费用中介效应检验

	path $c(1)$	path $a(2)$	paths b and $\hat{c}(3)$
	lnld	lnglfy	lnld
treat×post	0.116 5 ***	−0.064 3 ***	0.083 4 ***
	(0.010 8)	(0.010 5)	(0.009 4)
lnglfy			−0.514 4 ***
			(0.005 4)
lnlabor	−0.441 8 ***	−0.122 3 ***	−0.504 7 ***
	(0.004 7)	(0.004 5)	(0.004 1)
dar	0.012 4 ***	−0.011 3 ***	0.006 5 ***
	(0.000 2)	(0.000 2)	(0.000 2)
lnage	0.351 5 ***	−0.071 9 ***	0.314 4 ***
	(0.013 3)	(0.012 9)	(0.011 5)
lev	0.000 2	−0.001 4 ***	−0.000 6
	(0.000 5)	(0.000 5)	(0.000 5)
es	−0.011 8	0.032 8 **	0.005 1
	(0.016 5)	(0.016 1)	(0.014 3)
lnkl	0.166 5 ***	−0.085 ***	0.122 8 ***
	(0.003 7)	(0.003 6)	(0.003 3)
topshare	0.002 ***	−0.006 9 ***	−0.001 5 ***
	(0.000 3)	(0.000 3)	(0.000 3)
contant	13.27 ***	5.076 ***	15.88 ***
	(0.069 3)	(0.067 0)	(0.066 1)
N	26 900	26 900	26 900
R^2	0.333 8	0.192 5	0.499 1
a coefficient	−0.064 3		
b coefficient	−0.514 4		
Indirect effect	0.033 1		
Direct effect	0.083 4		
Total effect	0.116 5		

注:***、**、*分别表示在 1%、5%、10%的水平下显著,括号内为标准差。

2.销售费用的中介效应检验

以销售费用为交易费用的代理变量,按照中介效应模型(7-1)至(7-3)验证交易费用在制度创新影响企业劳动生产率中的中介效应,得到结果如表7-6所示。模型(7-1)的系数 c 为0.114 7,即制度创新对企业劳动生产率的总影响为0.114 7,且在1%水平上显著;模型(7-2)系数 a 为-0.156 3,即制度创新能够降低企业销售费用;在控制了制度创新因素后,中介变量销售费用对企业劳动生产率的效应为-0.197 9,且 a 和 b 都在1%水平上显著,即间接效应显著。在控制了中介变量销售费用后,考虑制度创新对企业劳动生产率的影响为0.083 8,且在1%水平上显著,即直接效应显著。中介效应大小为0.031,中介效应占总效应的比例为26.97%。实证结果显示制度创新通过降低企业销售费用提升了企业劳动生产率。企业为了获取政府补贴、融资便利等需要花费更多的开支维系与政府的关系,这一部分费用通常被计入企业销售费用。而杨理强等研究显示制度环境的改善显著降低了企业的业务招待费等销售费用,企业节约的非生产性支出一方面节约了企业成本,另一方面也使得企业将该部分资源用于生产环节,提高企业效率。这也证实了制度创新改善了制度环境,降低了以企业销售费用为代理变量的交易费用,提高了企业劳动生产率。

表7-6　制度创新影响劳动生产率的销售费用中介效应检验

	path c(1)	path a(2)	paths b and $\hat{c}$(3)
	lnld	lnxsfy	lnld
treat×post	0.114 7 ***	-0.156 3 ***	0.083 8 ***
	(0.010 9)	(0.020 3)	(0.010 1)
lnxsfy			-0.197 9 ***
			(0.003 1)
lnlabor	-0.442 8 ***	-1.055 4 ***	-0.651 7 ***
	(0.004 7)	(0.008 9)	(0.005 5)
dar	0.012 5 ***	-0.017 7 ***	0.009 ***
	(0.000 2)	(0.000 4)	(0.000 2)
lnage	0.350 5 ***	-0.226 7 ***	0.305 7 ***
	(0.013 5)	(0.025 2)	(0.012 6)
lev	0.000 1	-0.002 3 ***	-0.000 3
	(0.000 5)	(0.001 0)	(0.000 5)

表 7-6（续）

	path $c(1)$	path $a(2)$	paths b and $\hat{c}(3)$
	lnld	lnxsfy	lnld
es	−0.010 2	0.028 5	0.004 6
	（0.016 5）	（0.030 8）	（0.015 4）
lnkl	0.168 ***	−0.242 2 ***	0.120 1 ***
	（0.003 9）	（0.007 3）	（0.003 7）
topshare	0.002 1 ***	−0.012 7 ***	−0.000 4
	（0.000 3）	（0.000 5）	（0.000 3）
contant	13.25 ***	1.023 9 ***	13.468 ***
	（0.071 2）	（0.132 7）	（0.066 2）
N	26 203	26 203	26 203
R^2	0.328 6	0.488 7	0.420 1
a coefficient	−0.156 3		
b coefficient	−0.197 9		
Indirect effect	0.030 9		
Direct effect	0.083 8		
Total effect	0.114 7		

注：*** 、** 、* 分别表示在 1%、5%、10% 的水平下显著,括号内为标准差。

3.财务费用的中介效应检验

以财务费用为交易费用的代理变量,按照模型验证交易费用在制度创新影响企业劳动生产率中的中介效应,模型结果如表7-7所示。系数 c 为 0.116 5,即制度创新对企业劳动生产率的总影响为 0.116 5,且在 1% 水平上显著;系数 a 为−0.19,即制度创新能够降低企业财务费用。在控制了制度创新因素后,中介变量财务费用对劳动生产率的效应为−0.215 9,且 a 和 b 都在 1% 水平上显著,即间接效应显著。在控制了中介变量管理费用后,制度创新对劳动生产率的影响为 0.075 4,且在 1% 水平上显著,即直接效应显著。中介效应大小为 0.041,中介效应占总效应的比例为 35.23%。

融资约束是企业面临的普遍问题。融资成本等财务费用对企业生产率存在显著的抑制作用。尤其对于中小企业来说,融资约束的存在导致融资成本过高,进而成为阻碍企业经营绩效提高的重要影响因素。实证结果表明,自由贸易试验区的制度创新带来的融资便利,节约了企业财务费用,提升了企业劳动生产率。可见,以财务费用为代理变量的交易费用在制度创新提升企业劳动生产率中发挥了中介作用。

表 7-7 制度创新影响劳动生产率的财务费用中介效应检验

	path $c(1)$	path $a(2)$	paths b and $\hat{c}(3)$
	lnld	lncaiwu	lnld
treat×post	0.116 5 ***	−0.190 1 ***	0.075 4 ***
	(0.010 8)	(0.018 9)	(0.010 0)
lncaiwu			−0.215 9 ***
			(0.003 2)
lnlabor	−0.442 3 ***	−0.923 3 ***	−0.641 6 ***
	(0.004 7)	(0.008 2)	(0.005 3)
dar	0.012 4 ***	0.000 02	0.012 4 ***
	(0.000 2)	(0.000 4)	(0.000 2)
lnage	0.351 1 ***	−0.265 5 ***	0.293 7 ***
	(0.013 3)	(0.023 2)	(0.012 4)
lev	0.000 2	−0.002 **	−0.000 3
	(0.000 5)	(0.001 0)	(0.000 5)
es	−0.011 7	0.023	−0.006 7
	(0.016 5)	(0.028 9)	(0.015 3)
lnkl	0.166 4 ***	−0.121 8 ***	0.140 1 ***
	(0.003 8)	(0.006 6)	(0.003 5)
topshare	0.002 1 ***	−0.016 2 ***	−0.001 4 ***
	(0.000 3)	(0.000 5)	(0.000 3)
contant	13.27 ***	−1.856 ***	12.87 ***
	(0.069 4)	(0.121 2)	(0.064 5)
N	26 849	26 849	26 849
R^2	0.334 0	0.387 7	0.428 8

表 7-7(续)

	path $c(1)$	path $a(2)$	paths b and $\hat{c}(3)$
	lnld	lncaiwu	lnld
a coefficient	−0.190 1		
b coefficient	−0.215 9		
Indirect effect	0.041 0		
Direct effect	0.075 4		
Total effect	0.116 5		

注：*** 、** 、* 分别表示在 1%、5%、10%的水平下显著，括号内为标准差。

三、稳健性检验

交易费用在制度创新提升企业劳动生产率中发挥了中介作用，对此进行稳健性检验。与前文相同，以上市公司人均营业收入代替人均主营业务收入衡量劳动生产率作为被解释变量，以 lnldin 表示，作为被解释变量纳入中介效应模型(7-1)至(7-3)，检验交易费用在制度创新影响劳动生产率中的中介效应，结果如表 7-8所示。在替换企业劳动生产率被解释变量后，存在以管理费用、销售费用、财务费用作为中介变量的中介效应。直接效应系数分别为 0.680 6、0.078、0.069 7，中介效应占比分别为 28.56%、29.58%、38.11%。结果与原模型结果相近，结论稳健。

表 7-8　制度创新影响劳动生产率的中介效应稳健性检验

	path c(1)	path a(2)	paths b and ê(3)	path c(1)	path a(2)	paths b and ê(3)	path c(1)	path a(2)	paths b and ê(3)
	lnldin	lnguanli	lnldin	lnldin	lnxiaoshou	lnldin	lnldin	lncaiwu	lnldin
treat×post	0.112 8 ***	−0.064 ***	0.080 6 ***	0.110 7 ***	−0.156 3 ***	0.078 ***	0.112 6 ***	−0.190 0 ***	0.069 7 ***
	(0.010 7)	(0.010 5)	(0.009 3)	(0.010 8)	(0.020 3)	(0.009 9)	(0.010 7)	(0.018 9)	(0.003 2)
lncaiwu			−0.500 9 ***			−0.209 6 ***			−0.225 8 ***
			(0.005 4)			(0.003 0)			(0.003 1)
lnlabor	−0.445 ***	−0.122 4 ***	−0.506 4 ***	−0.445 3 ***	−1.055 ***	−0.666 ***	−0.445 5 ***	−0.923 3 ***	−0.654 ***
	(0.004 6)	(0.004 5)	(0.004 1)	(0.004 7)	(0.008 9)	(0.005 4)	(0.004 6)	(0.008 2)	(0.009 8)
dar	0.012 8 ***	−0.011 2 ***	0.007 1 ***	0.013 ***	−0.017 7 ***	0.009 ***	0.012 8 ***	−0.001	0.012 8 ***
	(0.000 2)	(0.000 2)	(0.000 2)	(0.000 2)	(0.000 4)	(0.000 2)	(0.000 2)	(0.000 4)	(0.000 2)
lnage	0.35 ***	−0.071 9 ***	0.314 ***	0.347 5 ***	−0.226 7 ***	0.300 ***	0.35 ***	−0.265 5 ***	0.289 7 ***
	(0.013 1)	(0.012 9)	(0.011 5)	(0.013 4)	(0.025 2)	(0.012 3)	(0.013 2)	(0.023 3)	(0.012 1)
lev	0.000 4	−0.001 4 ***	−0.000 2	0.000 4	−0.002 3 **	−0.000 1	0.000 4	−0.002 **	−0.00
	(0.000 5)	(0.000 5)	(0.000 5)	(0.000 5)	(0.001 0)	(0.000 5)	(0.000 5)	(0.001 0)	(0.000 5)
es	−0.016 4	0.032 8 **	−0.00	−0.014 6	0.028 5	−0.008 7	−0.016	0.023	−0.011
	(0.016 3)	(0.016 0)	(0.014 3)	(0.016 3)	(0.030 8)	(0.015 0)	(0.016 4)	(0.028 9)	(0.015 0)
lnkl	0.168 8 ***	−0.085 ***	0.126 2 ***	0.017 1 ***	−0.242 ***	0.12 ***	0.168 7 ***	−0.121 8 ***	0.141 ***
	(0.003 7)	(0.003 6)	(0.003 3)	(0.003 8)	(0.007 3)	(0.003 6)	(0.003 7)	(0.006 6)	(0.003 4)
topshare	0.002 8 ***	−0.006 9 ***	−0.000 7 ***	0.002 9 ***	−0.012 7 ***	−0.000 2 **	0.002 8 ***	−0.016 2 ***	−0.000 8 **
	(0.000 3)	(0.000 3)	(0.000 3)	(0.000 3)	(0.000 5)	(0.000 3)	(0.000 3)	(0.000 5)	(0.000 3)
contant	13.26 ***	5.07 ***	15.81 ***	13.23 ***	1.02 ***	13.446 ***	13.27 ***	−1.856 ***	12.85 ***
	(0.068 5)	(0.067 1)	(0.065 7)	(0.070 3)	(0.132 7)	(0.064 7)	(0.068 6)	(0.121 2)	(0.063 2)

表 7-8（续）

| | path c(1) | path a(2) | paths b and c'(3) | path c(1) | path a(2) | paths b and c'(3) | path c(1) | path a(2) | paths b and c'(3) |
	lnldin	lnguanli	lnldin	lnldin	lnxiaoshou	lnldin	lnldin	lncaiwu	lnldin
N	26 900	26 900	26 900	26 203	26 203	26 203	26 849	26 849	26 849
R^2	0.343 0	0.192 5	0.501 0	0.337 9	0.488 7	0.441 4	0.343 2	0.388 7	0.447 8
a coefficient	−0.064 3	−0.156 3	−0.190 1						
b coefficient	−0.500 9	−0.209 6	−0.225 8						
Indirect effect	0.032 2	0.032 8	0.042 9						
Direct effect	0.080 6	0.078 0	0.069 7						
Total effect	0.112 8	0.110 7	0.112 6						

注：***，**，*分别表示在 1%、5%、10% 的水平下显著，括号内为标准差。

本 章 小 结

　　自由贸易试验区的一系列制度创新为企业降低了不确定性,由此使得交易成本降低,进一步促进企业绩效的提升。交易成本成为制度与经济绩效发生相互关系的中介变量。特定的制度结构会在交易成本层次或者制度成本层次重构激励和约束体系,从而最终影响企业绩效。本章从实证角度验证了交易费用在制度创新影响企业绩效中的中介效应。以管理费用、销售费用、财务费用作为交易费用的代理变量,实证结果均显示交易费用在制度创新提升企业绩效中作为中介变量发挥机制作用,模型通过稳健性检验。这也验证了新制度经济学中的交易费用理论,交易费用是制度创新影响经济绩效的关键路径。

第八章　我国自由贸易试验区制度创新的思考

新时期的制度型开放是国内制度规则与国际接轨，以高水平开放促进深层次市场化改革的体现。制度对经济绩效的决定性作用早已得到证实。企业是经济的主体，在制度安排下配置资源，企业绩效同样受到制度环境的影响。制度创新对经济增长的促进作用势必通过微观主体体现出来。本研究创新性地从企业绩效的角度研究以自由贸易试验区为载体的制度创新能否为地区企业带来制度红利，提高地区企业绩效进而推动经济高质量发展。同时，本书从企业绩效的角度衡量了自由贸易试验区制度创新政策的有效性。制度对经济绩效的影响是显而易见的，从微观角度考察制度创新对企业绩效的影响不但丰富了制度经济学理论，而且对于目前制度型开放背景下企业的发展具有重要的现实意义。

新时期改革开放由政策导向型开放向制度型开放转变。本研究为新时代制度型开放推动经济高质量发展提供了有益的政策启示。

一、进一步推进制度型开放，为经济高质量发展提供动力。

第一，促进区域间学习机制，提升制度扩散效应，辐射带动区域经济增长，推进制度创新成果在非自由贸易试验区的实施。经济的高质量发展需要与之相适配的制度环境，自由贸易试验区的制度创新已经证实有利于企业绩效的提高。应进一步与国际先进制度规则接轨，从多领域进行制度创新；同时推进各项制度创新成果在非自由贸易试验区的推广和实施，增强制度红利的溢出效应。第二，制度创新既要对接于高标准国际规则，也要着眼于中国实际情况，聚焦于经济实体交易环节。制度创新不仅要建立与国际规则相适应的如"负面清单"等"大"的制度体系，更要结合中国各地区、各部门实际情况，着眼于"小"的、交易环节的制度创新。简化企业审批环节，优化发展环境，提高效率。第三，加快新型基础设施建设，发展数字经济，为优化制度环境提供有力支撑。

二、发挥高水平开放和高层次创新的协调作用,共同推动经济高质量发展。

第一,为企业搭建创新平台,提供政策鼓励和技术服务支持。企业技术创新能力越强,制度创新对企业绩效提升作用越大,即技术创新有助于企业能够吸收制度创新红利进而提升企业绩效。因此,进一步坚持创新驱动发展战略,实施行之有效的创新驱动政策。自由贸易试验区的建设应进一步鼓励企业创新,尤其是要完善知识产权保护制度,从制度上鼓励企业创新。从政策上对企业创新提供支持,为企业创新提供融资便利。由自由贸易试验区搭建线上、线下平台和科技服务机构聚集区,为企业创新提供技术和服务支持。尤其要调动国有企业的创新积极性,提升国际竞争力,提升企业绩效推动经济高质量发展。第二,以制度创新吸引和集聚全球创新性高质量生产要素。科技创新是社会发展的动力,又是一个国家提升其综合竞争力的关键,推动经济高质量发展离不开技术创新的支持。人力资本是科技创新的主体,要加大科技人才的引进,为企业创新注入活力。一方面,加强国内人才发展体制机制改革,从根本上为高层次人才引进创造良好的制度环境,为科技创新注入动力;另一方面,打破国际创新性人才的制度壁垒,为创新性生产要素的聚集提供制度优化。